「働き方改革」の法改正で働き方がこう変わる！

変えなきゃいけない働き方のルールがよくわかる

法令新旧対照表つき

社会保険労務士
浅香 博胡　白石 多賀子　山田 晴男

社会保険研究所

はじめに

　『働き方改革を推進するための関係法律の整備に関する法律』は、第196回通常国会で成立しました。この法律は、労働者がそれぞれの事情に応じた多様な働き方を選択できる社会を実現する働き方改革を総合的に推進するため、長時間労働の是正、多様な働き方の実現、雇用形態にかかわらない公正な待遇の確保等のための措置を講ずる関係法律を整備したものです。

　「働き方改革」は、2016年8月に安倍首相が最大のチャレンジと位置づけ、働き方改革実現会議を発足し、いくつかのテーマを掲げて実現会議で検討されてきました。特に強調されたのは、長時間労働の是正、同一労働同一賃金を柱として、「働く人の能力を最大限に生かす」ため、正社員と非正社員の賃金格差を今よりも縮めることであり、労働生産性を向上させて企業が稼ぐ力を高め、賃上げを後押しすることです。もう一つは「誰もが働きやすい環境づくり」として、育児や介護、病気の治療をかかえながらでも、あるいは高齢になっても、障害を持っていても、多様な働き方を選択できるような労働環境を整備して、働く人を増やすということにあります。

　本書は、成立した法律を、その方向性と改正点のポイントとして、その内容に添い、それぞれの視点からわかりやすく解説しております。また、働き方改革の趣旨に関連する項目についても、図形、統計等を使って具体的に説明を加えています。

　各企業にとりまして、働き方改革は喫緊の課題であると思われます。関係の法律が成立したことを踏まえ、会社の経営者、事業主の方々はもちろん、人事労務管理を担っている責任者、担当者の方々にも本書でこの法律を理解し、それぞれの企業の働き方改革の方向性を探ることに本書が役立つことを期待しております。

　本書をご一読のうえ、働き方改革を実行するうえで「あなたの経営」「あなたの仕事」にぜひ、お役立ていただければ幸甚です。

平成30年8月

目　次

はじめに ……………………………………………………………………………… 3
働き方改革法成立までの経緯 ……………………………………………………… 6
働き方改革法成立までの主な動き ………………………………………………… 7
主な改正事項の施行期日 …………………………………………………………… 9

第1章　働き方改革の総合的かつ継続的な推進　12
1．雇用対策法改正の目的と基本方針 …………………………………………… 12
2．国の講ずべき施策と事業主の責務 …………………………………………… 14

第2章　長時間労働の是正　16
1．時間外労働の上限規制 ………………………………………………………… 16
2．時間外労働の上限規制（適用除外・適用猶予） …………………………… 18
3．月60時間超の時間外労働に対する割増賃金率 ……………………………… 20
4．年次有給休暇の確実な取得 …………………………………………………… 22
5．勤務間インターバル制度 ……………………………………………………… 24

第3章　多様で柔軟な働き方の実現　26
1．フレックスタイム制の見直し ………………………………………………… 26
2．高度プロフェッショナル制度の創設（制度概要） ………………………… 28
3．高度プロフェッショナル制度の創設（導入手続） ………………………… 30

第4章　短時間労働者・有期雇用労働者の同一労働同一賃金　32
1．有期雇用労働者に対する適用 ………………………………………………… 32
2．均衡待遇と均等待遇の確保 …………………………………………………… 34
3．事業主の説明義務と履行確保措置 …………………………………………… 36

第5章　派遣労働者の同一労働同一賃金　38
1．派遣先の情報提供義務 ………………………………………………………… 38
2．派遣労働者の均等・均衡待遇 ………………………………………………… 40
3．労使協定による派遣労働者の待遇確保 ……………………………………… 42
4．派遣労働者にかかる就業規則の作成等の手続 ……………………………… 44
5．派遣元事業主の説明義務 ……………………………………………………… 46
6．派遣先における適正な派遣就業の確保等 …………………………………… 48
7．紛争解決・勧告及び公表 ……………………………………………………… 50

第6章　産業医・産業保健機能の強化　52

1．産業医の活動環境の整備……………………………………52
2．労働者の心身の状態に関する情報の取扱い………………54
3．医師の面接指導………………………………………………56
4．労働時間の状況の把握………………………………………58

資料編　60

1．法令新旧対照表
　　労働基準法……………………………………………………62
　　じん肺法………………………………………………………75
　　雇用対策法……………………………………………………76
　　労働安全衛生法………………………………………………80
　　労働者派遣事業の適正な運営の確保及び派遣労働者の保護等に関する法律‥85
　　労働時間等の設定の改善に関する特別措置法……………105
　　短時間労働者の雇用管理の改善等に関する法律…………108
　　労働契約法……………………………………………………115
2．同一労働同一賃金ガイドライン案　116
3．附帯決議　132

働き方改革法成立までの経緯

1）働き方改革実現会議の議論

平成28年9月27日	政府が「働き方改革実現会議」を発足
平成28年12月20日	実現会議が「同一労働同一賃金ガイドライン案」を取りまとめる
平成29年3月13日	時間外労働の上限規制等に関する労使合意
平成29年3月28日	働き方改革実行計画を取りまとめる

2）労働政策審議会の議論

平成29年4月7日	労政審労働条件分科会で時間外労働の上限規制等について審議開始
平成29年4月20日	労政審安全衛生分科会が今後の産業医、産業保健機能の強化について審議開始
平成29年4月28日	労政審労働条件分科会・職業安定分科会・雇用均等分科会の下に同一労働同一賃金部会を発足し、同一労働同一賃金の法整備について審議開始
平成29年6月5日	労政審労働条件分科会が時間外労働の上限規制等について建議
平成29年6月6日	労政審安全衛生分科会が今後の産業医、産業保健機能の強化について建議
平成29年6月16日	労政審労働条件分科会・職業安定分科会・雇用均等分科会同一労働同一賃金部会が同一労働同一賃金の法整備について建議
平成29年8月30日	継続審議とされていた平成27年4月3日提出の「労働基準法等の一部を改正する法律案」と一本化を審議開始
平成29年9月1日	労政審職業安定分科会で働き方改革を推進するための雇用対策法の改正について審議開始
平成29年9月15日	労働政策審議会が「働き方改革を推進するための関係法律の整備に関する法律案要綱」を答申

3）国会提出まで（与党審査等）

平成29年9月28日	衆議院解散により秋の臨時国会への法案提出を断念
平成30年1月22日	第196回常会開会　衆議院予算委員会で働き方改革法案に関する質疑スタート
平成30年2月7日	自民党の厚生労働部会等で法案審査開始
平成30年3月29日	自民党の厚生労働部会等が法案を了承
平成30年4月6日	政府が「働き方改革を推進するための関係法律の整備に関する法律案」閣議決定

4）国会審議

平成30年4月6日	国会提出
平成30年4月27日	衆議院厚生労働委員会で審議入り
平成30年5月25日	衆議院厚生労働委員会で与党などの賛成多数で可決
平成30年5月31日	衆議院本会議で与党などの賛成多数で可決
平成30年6月4日	参議院厚生労働委員会で審議入り
平成30年6月28日	参議院厚生労働委員会で与党などの賛成多数で可決
平成30年6月29日	参議院本会議で与党などの賛成多数で可決・成立

平成30年7月6日	公布

働き方改革法成立までの主な動き

■ 政労使のトップが集った働き方改革実現会議

　政府は、一億総活躍社会の実現に向けた働き方改革を実行するため、安倍晋三・内閣総理大臣を議長とする「働き方改革実現会議」を発足させました。この実現会議は、政労使のトップと有識者で構成され、塩崎恭久・厚生労働大臣（当時）、加藤勝信・働き方改革担当大臣（現・厚生労働大臣）をはじめとする関係閣僚、労働界からは神津里季生・日本労働組合総連合会会長、産業界からは榊原定征・日本経済団体連合会会長（当時）や大村功作・全国中小企業団体中央会会長、三村明夫・日本商工会議所会頭らが参加し、以下の分野について議論を進めました。

```
①同一労働同一賃金など非正規雇用の処遇改善
②賃金引上げと労働生産性向上
③罰則付き時間外労働の上限規制の導入など長時間労働の是正
④柔軟な働き方がしやすい環境整備
⑤女性・若者の人材育成など活躍しやすい環境整備
⑥病気の治療と仕事の両立
⑦子育て・介護等と仕事の両立、障害者の就労
⑧雇用吸収力の高い産業への転職・再就職支援
⑨誰にでもチャンスのある教育環境の整備
⑩高齢者の就業促進
⑪外国人材の受入れ
```

　実現会議は、平成28年12月20日に「同一労働同一賃金ガイドライン案」（資料編116頁参照）をまとめました。これは、正社員と非正規社員（短時間労働者・有期雇用労働者・派遣労働者）の間の待遇差がどのような場合に不合理とされるかを事例等で示したもので、このガイドライン案をもとに法改正が行われ、今後は関係者の意見や改正法案についての国会審議を踏まえて、最終的に案が取れて確定するものとされています。

　一方、時間外労働の上限規制については、平成29年3月13日に交わされた連合の神津会長と経団連の榊原会長による労使合意により、36協定を締結しても超えられない時間外労働の上限として、年720時間、単月100時間、複数月80時間という、大枠が固まりました。

■ 労働基準法改正法案の一本化

　労働政策審議会では、働き方改革実行計画に基づき議論が進められ、6月中にはすべての分科会で建議（厚生労働大臣に対する意見書）が取りまとめられました。本来であれば、建議に基づいた法律案要綱を厚生労働省が作成し、労政審に諮問するという手続となるのですが、労働基準法の改正に関しては、平成27年に国会に提出された「労働基準法の一部を改正する法律案」が当時まで継続審議となっており、その内容が時間外労働の上限規制等と同様に労働時間制度の改正に関することから、厚生労働省は一つの法律案にまとめることが適当だと労政審に打診。一本化した法律案要綱を労政審に諮問することとなりました。

　継続審議中の法律案には、高度プロフェッショナル制度の創設や企画業務型裁量労働制の対象拡大など、労働者側委員が反対していた改正内容が含まれていましたが、
・高度プロフェッショナル制度の健康確保措置を強化（年間104日の休日確保を義務化するなど）
・企画業務型裁量労働制の適用範囲を明確化
などの修正を加えたうえで、労政審で答申されました。

■ 企画業務型裁量労働制の対象拡大を全面削除

　平成30年の通常国会は、安倍総理が「働き方改革国会」と位置づけ、衆議院予算委員会においても働き方改革の審議が進められていましたが、裁量労働制の実態にかかる調査データに異常値が多く見つかったことや、本来比較すべきではない対象を比較して「一般労働者の労働時間より裁量労働制の労働時間のほうが短いデータもある」という誤った国会答弁のもとになったことが発覚し、国会で追及される事態になりました。このため政府は、疑念を招いた企画業務型裁量労働制の対象拡大を法律案から削除することを決定しました。

　一方、自民党の厚生労働部会等（与党審査）では中小企業への対応が懸念され、時間外労働の上限規制、月60時間超の時間外労働にかかる割増賃金（5割以上）の猶予措置の廃止、そして短時間・有期雇用労働者に対する不合理な待遇差の解消（パートタイム労働法・労働契約法の改正）の施行時期を1年遅らせるなどの措置が図られました。

■ 衆議院厚生労働委員会で一部修正

　衆議院厚生労働委員会の審議では、高度プロフェッショナル制度に対して一部修正が行われました。同制度の適用は、労働者が同意することが前提ですが、法律案にはいったん同意した後に撤回するしくみが規定されていなかったため、制度導入にあたって労使委員会が決議する事項に対象者の同意の撤回に関する手続が追加されました。

　このほか、雇用対策法の改正（労働施策の総合的な推進並びに労働者の雇用の安定及び職業生活の充実に関する法律）において、国の基本方針に定められた施策の実施に関し、中小企業における取り組みの円滑な推進のため、関係者間の連携体制の整備に努める規定が新設されました。地方公共団体、中小企業者を構成員とする団体その他の事業主団体、労働者団体等の関係者により構成される協議会を設置するなど、必要な施策を講ずるとしています。

　また、衆議院厚生労働委員会では法律の施行にあたって政府が講ずるべき事項について、12項目の附帯決議が可決されました（資料編132頁参照）。

■ 参議院厚生労働委員会における47項目の附帯決議

　参議院厚生労働委員会では法律の施行にあたって政府が講ずるべき事項について、47項目の附帯決議が可決されました（資料編134頁参照）。

　時間外労働の上限規制に関しては、働き過ぎによる過労死等を防止するため、適用が猶予される自動車の運転業務や建設事業、医師等も含めて、時間外労働の原則的な上限である月45時間、年360時間以内に収める努力をすべきこと、また休日労働は最小限に抑制すべきことを指針に明記し、労使への周知徹底を図ることが規定されました。また、特例的な延長（年720時間）については、あくまで通常予見できない臨時的な事態への対応であり、具体的な事由を挙げず、単に「業務の都合上必要なとき」「業務上やむを得ないとき」などの理由では特例が認められないことを指針等で明確化し、労働基準監督署等で必要な助言指導を実施することも確認されました。

　このほか、高度プロフェッショナル制度に関しては、対象者の健康管理時間の把握の徹底や、導入する事業場すべてに労働基準監督署が立入調査を行うことなど、13項目が盛り込まれています。

主な改正事項の施行期日

公布日（平成30年7月6日）施行	【雇用対策法改正】 ● 働き方改革に関する基本的考え方を明らかにするとともに、国が改革を総合的かつ継続的に推進するための「基本指針」を定める
平成31年4月施行	【労働基準法改正】 ● 時間外労働の上限規制の導入 　適用猶予（5年）：自動車運転業務、建設事業、医師、鹿児島・沖縄の砂糖製造業 　適用除外：新技術・新商品等の研究開発業務 ● 年次有給休暇の確実な取得のため、年5日は使用者が時季指定して付与 ● 高度プロフェッショナル制度の創設 ● フレックスタイム制の見直し（清算期間の延長など） 【労働安全衛生法改正】 ● 労働時間の状況の把握の義務化 ● 産業医等の機能強化 【労働時間等設定改善法改正】 ● 勤務間インターバル制度の導入（努力義務）
平成32年（2020年）4月施行	【労働基準法改正】 ● 時間外労働の上限規制の導入（中小企業） 【パートタイム労働法・労働契約法改正】 ● 短時間・有期雇用労働者と正規雇用労働者との不合理な待遇の禁止 ● 労働者の待遇に関する説明義務の強化 ● 行政による履行確保措置及び裁判外紛争解決手続の整備 【労働者派遣法改正】 ● 派遣労働者と派遣先の労働者との不合理な待遇の禁止 ● 派遣労働者の待遇に関する説明義務の強化 ● 行政による履行確保措置及び裁判外紛争解決手続の整備
平成33年（2021年）4月施行	【パートタイム労働法・労働契約法改正】 ● 短時間・有期雇用労働者と正規雇用労働者との不合理な待遇の禁止（中小企業） ● 労働者の待遇に関する説明義務の強化（中小企業） ● 行政による履行確保措置及び裁判外紛争解決手続の整備（中小企業）
平成35年（2023年）4月施行	【労働基準法改正】 ● 月60時間を超える時間外労働の割増賃金率を50％以上とする中小企業に対する猶予措置を廃止

法律解説編

- 雇用対策法
- 労働基準法
- 労働時間等設定改善法
- パートタイム労働法
- 労働契約法
- 労働者派遣法
- 労働安全衛生法
- じん肺法

第1章 働き方改革の総合的かつ継続的な推進

1．雇用対策法改正の目的と基本方針

| 改正点のポイント | 雇用対策法 |

- 雇用対策法の題名を「労働施策の総合的な推進並びに労働者の雇用の安定及び職業生活の充実等に関する法律」に改め、法の目的に「労働者の多様な事情に応じた雇用の安定及び職業生活の充実、労働生産性の向上」を促進することが明記されました。
- 法の基本的理念には、労働者に対し職務及び職務に必要な能力等の内容が明らかにされ、これらに即した公正な評価及び処遇その他の措置が効果的に実施されることにより、職業の安定が図られるように配慮することが加えられました。
- 国は、働き方改革を総合的かつ継続的に推進するための基本方針を定めます。

施行期日：公布日（2018年7月6日）

1 法の目的等（第1条関係）

　雇用対策法改め「労働施策の総合的な推進並びに労働者の雇用の安定及び職業生活の充実等に関する法律」には、労働施策を総合的に講ずることにより、労働者の多様な事情に応じた**雇用の安定及び職業生活の充実、労働生産性の向上**を促進して、労働者がその能力を有効に発揮することができるようにし、その職業の安定等を図ることが法の目的として明記されました。

≫「雇用の安定及び職業生活の充実」とは

　職業に就ける量、機会が主たる観点になる雇用の安定に加え、生活面も含めて職業生活が充実するという質の観点も国の施策目的に加えるとの趣旨で規定されました。

≫「労働生産性の向上」とは

　労働生産性とは生産過程における労働の効率のことで、投下した労働量に対して生み出された付加価値の割合です。

図表① 労働生産性の算定式

> 労働生産性＝労働による成果（付加価値）／労働投入量（労働者数または時間当たりの労働量）

　労働生産性を向上させるには、一般に同じ（あるいは少ない）労働投入量で付加価値を高めることが必要です。これにはたとえば労働者の技能・熟練度の向上のほか、さまざまの社会的・技術的要因、企業の設備投資や職場環境、さらには自然的諸条件、その他の要因が影響を与えるとされています。こうしたさまざまな要因を背景に、効率的で効果的な労働投下ができていることを労働生産性が高いといいます。

　なお、国の目指すべき労働生産性の向上は付加価値（分子）の増加または労働時間効率化の推進による時間当たりの労働量（分母）の削減によるものを想定しており、単に労働者数（分母）を減らして労働生産性の向上を目指すことではありません。労働力供給制約の下でも多様な労働力の参加を進め、経済全体の成長を促します。

2 法の基本的理念（第3条関係）

　このたびの法改正では、国は以下の事項により労働者の職業の安定が図られるように配慮し、基本的理念に従って必要な施策を総合的に講じなければなりません。

> ○労働者に対し、職務の内容及び職務に必要な能力、経験その他の職務遂行上必要な事項の内容を明らかにすること
> ○労働者が上記に即した評価方法により能力等を公正に評価され、当該評価に基づく処遇を受けること
> ○その他の適切な処遇を確保するための措置が効果的に実施されること

3 基本方針の策定等（第10条関係）

　国は、労働者が有する能力を有効に発揮することができるようにするため、必要な労働施策の総合的な推進に関する基本方針を新たに定め、閣議決定します。

》基本方針に定める事項（第10条第2項）

　基本方針には、次の事項を定めます。

> ○労働者が能力を有効に発揮できるようにすることの意義に関する事項
> ○労働者が能力を有効に発揮できるようにすることに関する重要事項
> ○法の目的を達成するために国が基本的理念に従い総合的に講ずる施策（第4条第1項各号）に関する基本的事項

》基本方針の策定や変更（第10条第4～8項）

【策定】
　厚生労働大臣が基本方針の案を策定するにあたっては、あらかじめ都道府県知事の意見を求めるとともに、労働政策審議会の意見を聴かなければなりません。
　また、必要があるときは関係行政機関に資料の提出その他必要な協力を求めることができます。

【変更】
　基本方針を策定後、国は労働施策をめぐる経済社会情勢の変化を勘案し、必要があると認めるときは、基本方針を変更しなければなりません。

》関係行政機関への要請（第10条の2）

　厚生労働大臣は、必要があると認めるときは、関係行政機関の長に対し、基本方針において定めた施策で関係行政機関の所管にかかるものの実施について、必要な要請をすることができます。

》中小企業における取り組みの推進のための関係者による連携体制の整備（第10条の3）

　国は、基本方針において定められた施策の実施に関し、中小企業の取り組みが円滑に進むように、地方公共団体、中小企業者を構成員とする団体その他の事業主団体、労働者団体その他の関係者により構成される協議会の設置など、関係者間の連携体制の整備に必要な施策を講ずるよう努めます。

第1章　働き方改革の総合的かつ継続的な推進

2．国の講ずべき施策と事業主の責務

| 改正点のポイント | 雇用対策法 |

●労働者の多様な事情に応じた「職業生活の充実」に対応し、働き方改革を総合的に推進するために必要な施策として、次の事項が追加されます。
　・労働時間の短縮その他の労働条件の改善
　・多様な就業形態の普及
　・雇用形態または就業形態の異なる労働者の間の均衡のとれた待遇の確保
　・仕事と生活（育児、介護、治療）の両立
●事業主の責務に「職業生活の充実」に対応した次の努力義務が規定されます。
　・労働者の労働時間の短縮その他の労働条件の改善など、労働者が生活との調和を保ちつつ意欲と能力に応じて就業できる環境の整備

施行期日：公布日（2018年7月6日）

1 国の施策（第4条関係）

法の目的を実現するために講じなければならない施策として、次の3つが規定されます。

○各人が生活との調和を保ちつつその意欲及び能力に応じて就業することを促進するため、労働時間の短縮その他の労働条件の改善、多様な就業形態の普及及び雇用形態又は就業形態の異なる労働者の均衡のとれた待遇の確保に関する施策を充実すること
○女性の職業及び子の養育又は家族の介護を行う者の職業の安定を図るため、雇用の継続、円滑な再就職の促進、母子家庭の母及び父子家庭の父並びに寡婦の雇用の促進その他のこれらの者の就業を促進するために必要な施策を充実すること
○疾病、負傷その他の理由により治療を受ける者の職業の安定を図るため、雇用の継続、離職を余儀なくされる労働者の円滑な再就職の促進その他の治療の状況に応じた就業を促進するために必要な施策を充実すること

》 仕事と生活（育児、介護、治療）の両立支援

育児、介護、治療と仕事の両立支援として、図表②～④の支援制度が実施されています。

参考

図表②　育児のための両立支援制度

(1)育児休業	(4)子の看護休暇	(7)その他の両立支援措置
(2)短時間勤務制度（1日6時間）	(5)法定時間外労働の制限	(8)転勤に対する配慮
(3)所定外労働時間の制限	(6)深夜業の制限	(9)不利益取扱いの禁止　　など

図表③　介護のための両立支援制度

(1)介護休業	(4)介護休暇	(7)不利益取扱いの禁止
(2)短時間勤務制度（1日6時間）	(5)深夜業の制限	(8)介護保険　など
(3)所定外労働時間の制限	(6)転勤に対する配慮	

図表④　病気と治療のための両立支援

(1)事業場における治療と職業生活の両立支援のためのガイドライン（厚生労働省）
(2)改正がん対策基本法における事業主の責務の新設（厚生労働省）
(3)両立支援コーディネーター制度（労働者健康安全機構）
(4)がん相談支援センター（がん診療連携拠点病院）　など

2 事業主の責務（第6条関係）

　事業主の責務として、雇用する労働者の労働時間の短縮その他の労働条件の改善など、労働者が生活との調和を保ちつつ意欲と能力に応じて就業することができる環境の整備に努めることが規定されました。

参考

❖ 環境整備の一例（テレワーク）

　テレワークとは、「ICT（情報通信技術）を活用し、時間や場所を有効に活用できる柔軟な働き方」です。本来勤務する場所から離れ、自宅などで好きな時間に仕事をすることができます。こうした柔軟な働き方は、従業員の育児や介護による離職を防いだり、遠隔地の優秀な人材を雇用したり、災害時にも事業が継続できるなど、多くのメリットがあります。

図表⑤　テレワークの導入の手順　　　（出典：「テレワークではじめる働き方改革」厚生労働省）

1	テレワークの全体像を把握	・導入イメージ、導入プロセスの把握 ・推進体制の構築
2	全体方針の決定	・導入目的の明確化 ・基本方針の策定 ・社内の合意形成
3	ルールづくり	・実施範囲の検討 ・労務管理制度の確認、見直し（就業規則・労働時間・人事評価等） ・導入のための教育・研修
4	ICT環境をつくる	・ICT環境の確認 ・ICTシステム・ツールの選択、導入
5	セキュリティ対策をする	・ルールによる対策の実施 ・技術的、物理的な対策の実施

テレワークの実施

第2章　長時間労働の是正

1．時間外労働の上限規制

改正点のポイント	労働基準法

- 時間外労働に罰則付きの限度時間（上限）が規定されます。
- 限度時間は月45時間、年360時間を原則としますが、臨時的な特別な事情がある場合は年720時間、単月100時間未満（休日労働含む）、2〜6ヵ月平均80時間（休日労働含む）が上限とされます。

施行期日：2019年4月（中小企業は2020年4月）

1 時間外労働の上限規制（第36条関係）

》改正前の時間外労働の限度時間

労働基準法に定める労働時間は、1週40時間、1日8時間が原則とされていますが、労使協定（通称36〈サブロク〉協定）を締結し、労働基準監督署に届け出た場合は、協定で定める範囲内で1週40時間、1日8時間の法定労働時間を超えて、労働させることができます。この36協定における時間外労働については、厚生労働省告示316号（平成21年（2009年）5月29日）により限度時間（図表⑥参照）が定められています。

図表⑥　改正前の時間外労働の限度時間

期　間	限度時間	
	一般の労働者の場合	3ヵ月を超える1年単位の変形労働時間制対象者の場合
1週間	15時間	14時間
2週間	27時間	25時間
4週間	43時間	40時間
1ヵ月	**45時間**	**42時間**
2ヵ月	81時間	75時間
3ヵ月	120時間	110時間
1年間	**360時間**	**320時間**

※太字は改正後に原則とされる限度時間

限度時間は、平日勤務日の法定労働時間を超える時間外労働と、法定外休日に勤務した労働時間が対象となり、法定休日の勤務時間は除かれます。

上図に定められた時間外労働の上限は、主に1ヵ月45時間（1年単位の変形労働時間制は42時間）以内、年360時間（1年単位の変形労働時間制は320時間）以内とされていますが、通常予見することのできない業務量の大幅な増加等に伴い臨時的に限度時間を超えて時間外労働を行わなければならない特別な事情が予想される場合は、特別条項付き協定を締結すれば、限度時間を超えて延長することができます。

ただし、平成22年（2010年）4月1日に限度時間を超える時間外労働の抑制を目的とした改正が行われ、次の制限が設けられました。
①特別な事情は、一時的または突発的に時間外労働を行わせる必要があるときに限ること
②1年のうち半分（6回）を超えないことが見込まれること

》時間外労働・休日労働の上限制限の改正（第36条第3〜6項）

原則となる時間外労働の限度時間は、これまでの厚生労働省告示による**月45時間**（1年単位の変形労働時間制は42時間）以内、**年360時間**（1年単位の変形労働時間制は320時間）以内であるこ

とに変更はありませんが、限度時間の規定が法律に格上げされました。
　限度時間の特例として業務量の大幅な増加等に伴い臨時的に限度時間を超えて労働させる必要がある場合は、1ヵ月について労働時間を延長して労働させ、及び休日において労働させることができる時間が協定時間を含めて100時間未満の範囲内となりました。また、1ヵ月で100時間未満の範囲内であっても、2～6ヵ月平均の時間外労働及び休日労働の時間が80時間を超えない範囲でなければなりません。1年について労働時間を延長して労働させることができる時間は、協定時間を含め720時間を超えない範囲内となりました。

図表⑦　限度時間の特例における時間外・休日勤務の上限

1ヵ月	100時間未満（休日労働含む）
2ヵ月ないし6ヵ月	1ヵ月当たりの平均時間80時間（休日労働含む）
1年間	720時間
原則の45時間を超えられる月数	1年について6ヵ月以内（年6回まで）

図表⑧　限度時間の特例の移行図

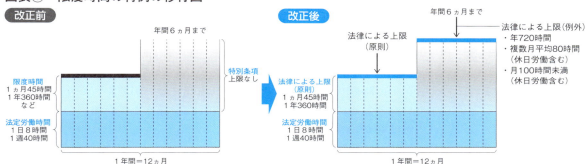

》》**36協定で定める労働時間の延長及び休日労働について留意すべき事項等に関する指針**（第36条第7項）（予定）
　36協定を締結するにあたって、次の留意すべき事項が指針で示されます（一部抜粋・概略）。
【限度時間を超えて延長時間を定めるにあたっての留意事項】
○労使当事者は、限度時間を超えて労働させることができる場合をできる限り具体的に定めなければならず、「業務の都合上必要な場合」、「業務上やむを得ない場合」など恒常的な長時間労働を招くおそれがあるものを定めることは認められないことに留意しなければならないこと
○労使当事者は、36協定において限度時間を超えて延長時間を定めるにあたっては、労働時間の延長は原則として限度時間を超えないものとされていることに十分留意し、当該時間を限度時間にできる限り近づけるように努めなければならないこと
○労使当事者は、36協定において限度時間を超えて労働時間を延長して労働させることができる時間にかかる割増賃金の率を定めるにあたっては、法第37条第1項の政令で定める率を超える率とするように努めなければならないこと
【健康確保措置】 2019年4月から36協定に定める事項に追加
○労使当事者は、限度時間を超えて労働する労働者に対する健康確保措置（※）について、次に掲げるものから協定することが望ましいことに留意しなければならないこと

①医師による面接指導、②深夜労働の回数制限、③勤務間インターバルの確保、④代償休日または特別休暇の付与、⑤健康診断の実施、⑥年次有給休暇の連続取得の促進、⑦健康相談窓口の設置、⑧労働者の配置転換、⑨産業医等による保健指導

※使用者は健康確保措置の実施状況等を記録し、3年間保存しなければなりません。

| 第2章 | 長時間労働の是正 |

2．時間外労働の上限規制（適用除外・適用猶予）

| 改正点のポイント | 労働基準法 |

- 新たな技術、商品または役務の研究開発に係る業務は、適用除外とされます。
- 工作物の建設の事業、自動車の運転の業務、医業に従事する医師、鹿児島県及び沖縄県における砂糖を製造する事業については、施行日から5年間適用が猶予されます。

施行期日：2019年4月

2 時間外労働の上限規制の適用除外となる業務（第36条第11項関係）

≫ 新たな技術、商品または役務の研究開発に係る業務

　新技術、新商品等の研究開発業務は、医師の面接指導（労働安全衛生法第66条の8の2）、有給休暇（年次有給休暇を除く）の付与等の健康確保措置を設けた上で次の項目が適用除外となります。
①通常予見される時間外労働の限度時間（月45時間、年360時間を超えない範囲）
②通常予見することができない業務量等による延長時間（年720時間を超えない範囲）
　(1) 1ヵ月の延長及び休日労働時間が100時間未満
　(2) 2～6ヵ月平均の延長及び休日労働時間が80時間以内
　なお、事業主は、時間外労働に相当する時間が一定時間を超える場合（週40時間を超えて労働させた場合のその超えた時間が1ヵ月100時間を超えた場合）には医師による面接指導を必ず受けさせなければなりません（56頁参照）。

3 時間外労働の上限規制の適用猶予の事業・業務（附則第139～142条関係）

≫ 工作物の建設の事業、自動車の運転の業務、医業に従事する医師（附則第139～141条）

　建設、自動車運転、医師は、次の項目が法律の施行日から5年間適用猶予となります。
①通常予見される時間外労働の限度時間（月45時間、年360時間を超えない範囲）
②通常予見することができない業務量等による延長時間（年720時間を超えない範囲）
　(1) 1ヵ月の延長及び休日労働時間が100時間未満
　(2) 2～6ヵ月平均の延長及び休日労働時間が80時間以内

≫ 鹿児島県及び沖縄県における砂糖を製造する事業（附則第142条）

　鹿児島県及び沖縄県の砂糖製造業は、次の項目が法律の施行日から5年間適用猶予となります。
○通常予見することができない業務量等による延長時間
　(1) 1ヵ月の延長、及び休日労働時間が100時間未満
　(2) 2～6ヵ月平均の延長及び休日労働時間が80時間以内
※月45時間、年360時間の原則的上限と、年720時間の特例的上限は適用猶予となりません。

図表⑨　適用猶予の事業・業務の法律施行5年後の姿

事業・業務※		5年後（2024年4月）の姿
適用猶予	工作物の建設の事業	一般則（一般的な限度時間の基準）が適用されます。 ただし、<u>災害時における復旧・復興の事業については、1ヵ月100時間未満・複数月平均80時間以内の要件は適用しません</u>。この点については、将来的な一般則の適用が引き続き検討されます。
	自動車の運転の業務	<u>通常予見することができない業務量等による延長時間の上限は年960時間以内</u>とし、将来的な一般則の適用が引き続き検討されます。
	医業に従事する医師	具体的な上限時間等は省令で定めることとし、医療関係者の参加による検討の場において、規制の具体的なあり方、労働時間の短縮策等について検討し、結論を得ます。
	鹿児島県及び沖縄県における砂糖を製造する事業	一般則が適用されます。

※事業・業務の範囲は省令で定められます

≫ 中小事業主に対する助言及び指導への配慮

　行政官庁は、当分の間、中小事業主に対し労働基準法第36条第9項の助言及び指導を行うにあたっては、中小企業における労働時間の動向、人材の確保の状況、取引の実態等を踏まえて行うよう配慮します。

○改正後の労働基準法第36条〈参照条文〉

第7項　厚生労働大臣は、<u>労働時間の延長及び休日の労働を適正なものとするため</u>、第1項の協定で定める労働時間の延長及び休日の労働について留意すべき事項、当該労働時間の延長に係る割増賃金の率その他の必要な事項について、<u>労働者の健康、福祉、時間外労働の動向その他の事情を考慮して指針を定めることができる</u>。

第9項　行政官庁は、第7項の指針に関し、第1項の協定をする使用者及び労働組合又は労働者の過半数を代表する者に対し、<u>必要な助言及び指導を行う</u>ことができる。

≫ 労働時間の状況の把握の実効性確保（労働安全衛生法第66条の8の3）

　労働時間の状況は、省令で使用者の現認や客観的な方法による把握をしなければならないと定めることを労働安全衛生法に規定します（58頁参照）。

4 罰則規定（第119条・第120条関係）

　時間外労働の上限規制に違反した使用者には所要の罰則が科されます。なお、時間外労働の上限規制の要件に適合しない36協定は無効となり、第32条等の違反となります。

第2章　長時間労働の是正

3．月60時間超の時間外労働に対する割増賃金率

| 改正点のポイント | 労働基準法 |

●月60時間を超える時間外労働に係る割増賃金率（5割以上）については、中小企業への猶予措置が廃止されます。

施行期日：2023年4月

1 中小事業主に対する月60時間超の時間外労働に対する割増賃金率の適用猶予に係る規定の廃止（第37条・附則第138条関係）

　月60時間を超える時間外労働に対しては、その超えた労働時間に5割以上の率で計算した割増賃金の支払義務があります。平成22年（2010年）4月1日から施行されていますが、「中小事業主」（図表⑩参照）に対しては適用が猶予されていました。この適用猶予の規定が2023年4月1日に廃止されます（附則第138条削除）。

》割増賃金率の引上げ
① 1ヵ月60時間超の時間外労働の割増賃金率を2割5分以上から5割以上とすること（第37条第1項ただし書き）
② 努力義務として、1ヵ月の限度時間を超え60時間までの時間外労働の割増賃金率は2割5分を上回る率で労使協定に定めること

》労働基準法関係解釈例規（平成21年（2009年）10月5日基発1005第1号）
(1)「1ヵ月」について
　「1ヵ月」とは、暦による1ヵ月で、その起算日は、法第89条第2号の「賃金の決定、計算及び支払の方法」として就業規則に記載する必要があります。
　1ヵ月の起算日は、毎月1日、賃金計算期間の初日、時間外労働協定における一定期間の起算日等が考えられますが、就業規則等に起算日の定めがない場合は、労使慣行等から別意に解されない限り、賃金計算期間の初日を起算日として取扱います。
(2)「60時間を超える時間外労働」について
　1ヵ月の起算日から時間外労働時間を累計して60時間に達した時点より後に行われた時間外労働をいいます。なお、法の施行日である平成22年（2010年）4月1日を含む1ヵ月については、施行日から時間外労働時間を累計して60時間に達した時点より後に行われた時間外労働になっています。
(3)「休日労働との関係」について
　「法定休日」以外の休日（所定休日）における労働が法第32条から第32条の5まで、または第40条の労働時間（いわゆる法定労働時間）を超える場合は、時間外労働に該当するため、「1ヵ月について60時間」の算定対象に含めなければなりません（図表⑪参照）。なお、労働条件を明示及び割増賃金の計算を簡便にする観点から、就業規則等により事業場の休日について、法定休日と所定休日の別を明確にしておくことが望ましいです。
(4)「深夜労働との関係」について
　1ヵ月の時間外労働が60時間に達した時点より後に行われた深夜労働の割増賃金率は7割5分以上の割増賃金率となります。

図表⑩　適用猶予が廃止される「中小事業主」の範囲

業　種	資本金または出資の総額		常時使用する労働者数
小　売　業	5,000万円以下	または	50人以下
サービス業	5,000万円以下	または	100人以下
卸　売　業	1億円以下	または	100人以下
上記以外	3億円以下	または	300人以下

図表⑪　60時間を超える時間外労働のカウント対象

○法定休日と法定外休日の区分
　法定休日労働　は、あくまで休日労働であるため時間外労働とはなりません。
　法定休日以外の休日労働　は、時間外労働となり月60時間のカウントの対象となります。

○休日（法定）の特定
第35条は必ずしも休日を特定すべきことを要求していないが、特定することが法の趣旨に沿うものであるから就業規則の中で単に1週間につき1日といっただけでなく具体的に一定の日を休日と定める方法を規定することが望ましいと解されます。（昭和23年5月5日基発第682号、昭和63年3月14日基発第150号）

例：①法定休日を毎週日曜日とした場合　②1ヵ月の起算日を毎月1日とした場合

　　　　法定休日↓　　　　　　　　　　　　　　　　　　　　　　　　　法定休日以外
　　　　　　　　　　　　　　　　　　　　　　　　　　　　　　　　　　　の休日↓

日	月	火	水	木	金	土
	1 5時間	2 5時間	3	4 5時間	5 5時間	6
7 5時間	8	9 5時間	10 5時間	11	12 5時間	13 5時間
14 5時間	15	16	17 5時間	18 5時間	19	20 5時間
21	22 5時間	23	24	25	26 5時間	27
28	29	30 5時間	31 5時間			

　　の法定休日の労働時間数　10時間　（60時間のカウント対象としません）
　　の時間外労働時間数　60時間／　　の60時間超え時間外労働時間数　15時間

図表⑫　適用例

― 21 ―

第2章　長時間労働の是正

4．年次有給休暇の確実な取得

改正点のポイント	労働基準法

- 使用者は、年次有給休暇を年10日以上付与している労働者に対して、年5日について時季を定めて取得させることが義務づけられます。
- 労働者がすでに時季を指定して取得した日数、または計画的付与制度により付与している場合は、その日数を使用者が時季指定する日数から控除することができます。

施行期日：2019年4月

1 使用者による時季指定（第39条第7項・第8項関係）

　使用者は年次有給休暇が10日以上付与されている労働者に対して、年次有給休暇が付与された日から1年以内に5日分の時季を定めて取得させなければなりません。ただし、労働者が時季を指定して取得した日数、または計画的付与制度（後述）により年次有給休暇を与えている場合はその与えた日数分を5日分から控除することができます。

　また、使用者が時季を定めて付与するにあたっては、省令で図表⑬の内容を講ずることが求められます。

図表⑬　使用者による時季指定の際に講じる措置（予定）

- ▶労働者に対して時季に関する意見を聴くこと
- ▶時季に関する労働者の意思を尊重するよう努めなければならないこと
- ▶使用者は、各労働者の年次有給休暇の取得状況を確実に把握するため、労働者ごとに付与した時季、日数及び基準日を明らかにした年次有給休暇の管理簿を作成すること

》罰則

　年5日の時季指定義務違反には罰則（第120条）が科されます。

2 年次有給休暇の取得しやすい環境整備

》年次有給休暇の法定休暇の前倒し付与等

　平成29年（2017年）10月1日に改正された労働時間等設定改善指針では、年次有給休暇を取得しやすい環境に整備することを事業主が講ずべき一般的措置として求めています。

図表⑭　労働時間等設定改善指針

- ○仕事と生活の調和の観点や、労働者が転職により不利にならないようにする観点から、労働基準法第39条第1項及び第3項に規定する雇入れ後初めて年次有給休暇を付与するまでの継続勤務期間の短縮を検討すること
- ○同条第2項及び第3項に規定する年次有給休暇の最大付与日数に達するまでの継続勤務期間の短縮を検討すること
- ○地域の実情に応じ、労働者が子どもの学校休業日や地域のイベント等に合わせて年次有給休暇を取得できるよう配慮すること

年次有給休暇の計画的付与制度 (第39条第6項)

年次有給休暇の計画的付与制度を活用するには、①就業規則に定め、②労使協定の締結により、年次有給休暇の付与日数のうち5日を超える部分について、全社対象、グループ対象、または個人対象で時季指定することができます。

図表⑮　就業規則及び労使協定参考例

○就業規則（例）

会社は労働者の過半数を代表する者との協定を締結したうえで、各従業員の有する年次有給休暇のうち5日を控除した残りの日数について時季を指定して与えることができる。

○労使協定（例）

年次有給休暇の計画的付与に関する労使協定書

○○株式会社と従業員代表○○○○は、○○○○年度における年次有給休暇の計画付与に関し、次のとおり協定する。

第1条　従業員が有する本年度付与分の年次有給休暇のうち3日分については、次の日に取得するものとする。
　○月○日、○月○日、○月○日

第2条　従業員が有する本年度付与分の年次有給休暇の日数から5日を控除した残りが3日に満たない者については、その不足日数に限り特別有給休暇を与える。

　○○○○年○月○日

　　　　　　　　　　　　○○株式会社　代表取締役　○○○○　㊞
　　　　　　　　　　　　○○株式会社　従業員代表　○○○○　㊞

参考

年次有給休暇の付与日数等 (第39条第1～3項)

年次有給休暇は雇入れの日から起算して、6ヵ月間継続勤務し、その6ヵ月間の全労働日の8割以上出勤した労働者に対して、継続または分割した10日の有給休暇を付与しなければなりません。6ヵ月経過後は、継続勤務年数1年ごとに、その1年間の全労働日の8割以上出勤した労働者に対して、その日数に1日（3年6ヵ月以後は2日）を加算した日数を付与します。

年次有給休暇の付与の上限は20日で、付与した年次有給休暇の時効は2年間です。

図表⑯　一般労働者の年次有給休暇付与日数

一般（週所定労働日数が5日以上または週所定労働時間が30時間以上の労働者）							
継続勤務年数	0.5	1.5	2.5	3.5	4.5	5.5	6.5以上
付　与　日　数	10	11	12	14	16	18	20

図表⑰　短時間労働者の年次有給休暇付与日数（比例付与）

週所定労働時間が30時間未満の労働者								
週所定労働日数	年間所定労働日数	継続勤務年数						
^	^	0.5	1.5	2.5	3.5	4.5	5.5	6.5以上
4日	169～216日	7	8	9	10	12	13	15
3日	121～168日	5	6	6	8	9	10	11
2日	73～120日	3	4	4	5	6	6	7
1日	48～72日	1	2	2	2	3	3	3

第2章　長時間労働の是正

5. 勤務間インターバル制度

| 改正点のポイント | 労働時間等設定改善法 |

●勤務時間の終業時刻から次の始業時刻までに一定の休息時間を確保する「勤務間インターバル制度」の導入が事業主の努力義務となりました。

施行期日：2019年4月

1 勤務間インターバル制度の導入（第2条関係）

　労働時間等設定改善法で定める事業主等の責務に、健康及び福祉を確保するために必要な終業から始業までの時間の設定（勤務間インターバル）を講ずるように努めなければならないことが追加されました。この勤務間インターバル制度とは、勤務時間の終業時刻から次の始業時刻までの間に一定時間の休息を確保しようとするものです。制度を導入することにより、疲労回復に重要な睡眠の確保や健康的な生活ができるほか、ワークライフバランスの実現にも効果が期待されています。

図表⑱　インターバル（連続休息時間）の勤務形態例
24時間につき最低連続11時間の休息とした場合

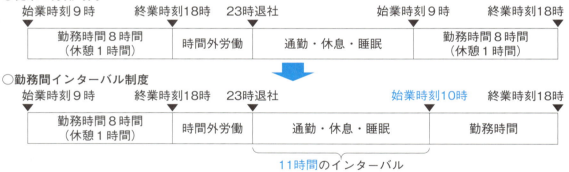

》勤務間インターバル制度導入時の検討課題

　勤務間インターバル制度を導入するにあたっては、下記の事項等の検討が必要です。

○インターバル時間を何時間に設定するのか。
○インターバル時間が翌日の始業時間を過ぎた場合、その日の始業時間及び終業時刻を繰り下げて1日の所定労働時間は維持して働くのか。または、その日の始業時間のみ繰り下げて終業時刻は変更せず、翌日の労働時間を短くするのか。
○始業時間の繰り下げを行って終業時刻を変更しない場合は、インターバル適用の翌日の勤務時間が短くなるため、その短い時間分の賃金を支給するのか、あるいは控除するのか。
※図表⑱では、勤務間インターバル制度により翌日の始業時間が10時に繰り下げられましたが、終業時間は定時の18時のため、通常の労働者より勤務時間が1時間短くなります。この短くなった1時間分の賃金を支給するのか、控除するのかを検討することになります。

勤務間インターバル制度導入の助成制度

勤務間インターバル制度を導入しようとする中小企業事業主は、次の助成制度を利用できます。

図表⑲　時間外労働等改善助成金（勤務間インターバル導入コース）

中小企業事業主が勤務間インターバルの導入に取り組んだときに、導入に要した費用の一部を助成します。

■**支給対象となる中小企業事業主**
1. 労働者災害補償保険の適用事業主であること
2. 次のいずれかに該当する事業場を有する事業主であること
   ①勤務間インターバルを導入していない事業場
   ②すでに休息時間数が9時間以上の勤務間インターバルを導入している事業場であって、対象となる労働者が当該事業場に所属する労働者の半数以下である事業場
   ③すでに休息時間数が9時間未満の勤務間インターバルを導入している事業場

■**支給対象となる取り組み（次の1つ以上実施）**
①労務管理担当者に対する研修
②労働者に対する研修、周知・啓発
③外部専門家（社会保険労務士、中小企業診断士など）によるコンサルティング
④就業規則・労使協定等の作成・変更　等

■**成果目標の設定**
支給対象となる取り組みは、次の「成果目標」の達成を目指して実施します。

> 事業主が事業実施計画において指定したすべての事業場において、休息時間数が「9時間以上11時間未満」又は「11時間以上」の勤務間インターバルを導入すること。

■**支給額**
取り組みの実施に要した経費の一部を「成果目標」の達成状況に応じて支給します。
○上限額

休息時間数	「新規導入」に該当する取り組みがある場合	「新規導入」に該当する取り組みがなく、「適用範囲の拡大」または「時間延長」に該当する取り組みがある場合
9時間以上11時間未満	40万円	20万円
11時間以上	50万円	25万円

■**締め切り**
申請の受付は平成30年12月3日(月)まで（必着）
（支給対象事業主数は国の予算額に制約されるため、12月3日以前に受付を締め切る場合があります）

参考

❖ **過労死等の防止のための対策に関する大綱**

平成30年（2018年）7月24日に閣議決定された同大綱の改定では、過労死等防止対策の数値目標として勤務間インターバル制度の周知や導入促進が盛り込まれました（下記）。

> ○2020年までに勤務間インターバル制度を知らなかった企業割合を20％未満とする
> ○2020年までに勤務間インターバル制度を導入している企業割合を10％以上とする

⇒今後、勤務間インターバル制度の導入支援に向けた政府の取り組みが強化されると見込まれます。

第3章　多様で柔軟な働き方の実現

1．フレックスタイム制の見直し

| 改正点のポイント | 労働基準法 |

- ●「清算期間」を最長3ヵ月に延長し、より柔軟な働き方を可能にします。
- ●1ヵ月を超える清算期間を定めるフレックスタイム制の労使協定については、行政官庁への届出が必要となります。
- ●1ヵ月の労働時間が週50時間を超えた場合は、その月において割増賃金を支払うことが必要です。

施行期日：2019年4月

1 清算期間の上限を3ヵ月に引き上げ（第32条の3第2項関係）

　フレックスタイム制とは、「清算期間」で定められた所定労働時間の枠内で、労働者が始業・終業時刻を自由に選べる制度です。労働者は、「清算期間」における所定労働時間（法定労働時間の枠を超えれば割増賃金が発生）に達するよう、労働時間を調整して働くことができるので、ワークライフバランスの実現や育児、介護、治療などと仕事を両立することができます。
　このたびの法改正により、清算期間の上限が最長「1ヵ月」から「3ヵ月」まで引き上げられます。

図表⑳　6・7・8月の3ヵ月の働き方（改正前と改正後の比較）

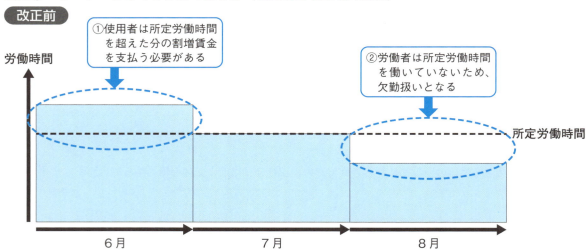

①の部分：使用者は6月分の割増賃金を支払う必要がありません。
※週平均50時間を超えた場合は、その月で割増賃金を支払う必要が生じます

②の部分：労働者は6月に働いた分があるため、8月に働かなくても欠勤扱いとなりません。

2 行政官庁への届出（第32条の２第２項・第32条の３第４項関係）

　フレックスタイム制を導入する手続にあたって必要となる労使協定について、１ヵ月を超える清算期間を定めた場合は、行政官庁（労働基準監督署）への届出が義務づけられます。

≫ 罰則
　労使協定の届出義務違反には罰則（第120条）が科されます。

3 割増賃金の支払い（第32条の３関係）

　各月の労働時間が**週平均50時間**を超えた場合（時間外労働が完全週休２日制の場合で１日あたり２時間に相当します）は、使用者はその各月で割増賃金を支払うことが必要となります。

図表㉑　割増賃金の支払いの時期

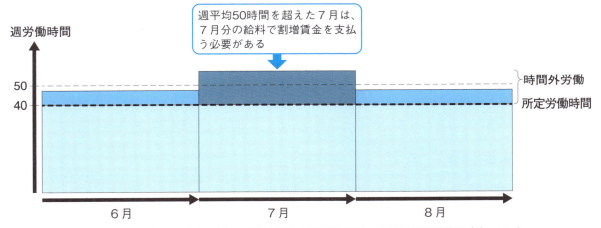

※週平均50時間を超えていない６月と８月の時間外労働の割増賃金は、清算期間終了後に支払います。
※７月に入社した従業員の場合など、労働させた期間が清算期間より短い場合（清算期間が１ヵ月を超える場合に限る）は、その労働させた期間で平均し、週平均40時間を超えた場合は、割増賃金を支払う必要があります（第32条の３の２）。

4 完全週休２日制の特例（第32条の３第３項関係）

　完全週休２日制の事業場では、曜日のめぐり次第で、１日８時間相当の労働でも法定労働時間の総枠を超え得るという課題を解消するため、完全週休２日制の下での法定労働時間の計算方法に特例を設け、所定労働日数に８時間を乗じた時間数を法定労働時間の総枠にすることができます。
　具体的には、労使協定により労働時間の限度について、当該清算期間における所定労働日数に８時間を乗じて得た時間とする旨を定めたときは、清算期間を平均し１週間当たりの労働時間が当該清算期間における日数を７で除して得た数をもって、その時間を除して得た時間を超えない範囲内で労働させることができます。

$$\text{清算期間における総労働時間} \leq \frac{\text{清算期間における暦日数}}{7} = \text{清算期間における法定労働時間の総枠}$$

第3章　多様で柔軟な働き方の実現

2．高度プロフェッショナル制度の創設（制度概要）

| 改正点のポイント | 労働基準法 |

- 時間ではなく成果で評価される働き方を選択できるようにするため、職務の範囲が明確で高年収の労働者が高度の専門的知識を必要とする等の業務に従事する場合に、労働時間や休憩、休日及び深夜の割増賃金等の規定から適用除外とする高度プロフェッショナル制度（特定高度専門業務・成果型労働制）を導入します。
- 制度の導入には、労働者本人の同意と労使委員会の決議等が要件となります。
- 対象となる労働者に対して使用者には、年間104日の休日を確実に取得させる等の健康確保措置を講ずることが求められます。

施行期日：2019年4月

1 制度の対象業務（第41条の2第1項第1号関係）

対象業務となるのは、「高度の専門的知識等を必要とする」とともに「従事した時間と従事して得た成果との関連性が通常高くないと認められる」という性質の業務です。具体的な業務は省令で規定されます。

図表㉒　対象業務（予定）

> ▶ 金融商品の開発業務、金融商品のディーリング業務
> ▶ アナリストの業務（企業・市場等の高度な分析業務）
> ▶ コンサルタントの業務（事業・業務の企画運営に関する高度な考案または助言の業務）
> ▶ 研究開発業務　など

2 制度の対象労働者（第41条の2第1項第2号関係）

職務の範囲が明確かつ高年収の労働者で、本人が同意していることが前提です。同意しなかった労働者に対する不利益取扱いは禁止されます。

【対象労働者の要件】
- 職務を明確に定める「職務記述書」等により同意している労働者
- 1年間に支払われると見込まれる賃金の額が、「基準年間平均給与額の3倍を相当程度上回る」水準として、省令で規定される額以上である労働者（年収1,075万円以上を想定）
  ※制度の対象となることにより賃金が減らないこととする旨が法定指針で明記されます。

【同意の撤回】
- いったん労働者本人が同意した場合でも、同意を撤回することが可能です。同意を撤回するための手続は労使委員会の決議（31頁図表㉔参照）で定めます。

3 対象労働者に対する健康確保措置等（第41条の２第１項第３〜５号関係）

使用者による健康管理時間の把握（第41条の２第１項第３号）

　使用者は、対象労働者の割増賃金を支払う基礎として労働時間を把握する必要はありませんが、労働者の健康確保の観点から<u>健康管理時間（事業場内に所在した時間と事業場外で業務に従事した場合における労働時間との合計）</u>を把握し、長時間労働防止措置や健康・福祉確保措置（健康確保措置）を講じなければなりません。

健康確保措置の実施（第41条の２第１項第４号・第５号）

　使用者は対象労働者に対し、次の健康確保措置を講じなければなりません（図表㉓参照）。

図表㉓　健康確保措置

義務	年間104日以上かつ４週４日以上の休日確保
選択措置義務	次の①〜④のいずれかの措置を実施します ①インターバル措置（終業時刻から始業時刻までの間に一定時間以上を確保する措置）と深夜業の回数の制限（回数は省令で規定） ②１ヵ月または３ヵ月の健康管理時間の上限措置（上限時間は省令で規定） ③２週間連続の休日を年１回以上（労働者が希望した場合は１週間連続の休日を年２回） ④臨時の健康診断（省令で定める要件に該当する労働者に実施） ※さらに労働者の健康管理時間の状況に応じた健康及び福祉を確保するための措置で、有給休暇の付与、健康診断の実施など省令で定める事項のうち、労使委員会で決議した措置を実施します

対象労働者の健康管理（労働安全衛生法第66条の８の４）

　健康管理時間が一定時間を超えた労働者に対しては、医師による面接指導を実施しなければなりません。

- 健康管理時間が１週間当たり40時間を超えた場合のその超えた時間（時間外労働相当分）が<u>１ヵ月当たり100時間を超えた労働者</u>に対しては、一律に面接指導の対象とします。
  ※１ヵ月当たり100時間以下の労働者であっても、申出があれば面接指導を実施するよう努めなければなりません。
- 制度の対象労働者に対する面接指導の確実な履行を確保する観点から、<u>面接指導の義務違反に対しては罰則が科されます</u>。

4 制度の法的効果（第41条の２第１項関係）

　制度の対象労働者は、労働基準法第４章で定める労働時間、休憩、休日及び深夜の割増賃金に関する規定が適用除外となります。

適用除外となる労働基準法の規定

- 使用者は原則として１日８時間、週40時間を超えて労働させてはならない（第32条）
- 使用者は、労働時間が６時間を超える場合は45分以上、８時間を超える場合は１時間以上の休憩を与えなければならない（第34条）
- 使用者が労働時間を延長し、または休日に労働させた場合は割増賃金（２割５分以上、休日は３割５分以上、月60時間を超える場合は５割以上）を支払わなければならない（第37条）
- 深夜に労働させた時間の労働は、通常の労働時間の賃金の計算額の２割５分以上の率で計算した割増賃金を支払わなければならない（第37条第４項）　など

第3章　多様で柔軟な働き方の実現

3．高度プロフェッショナル制度の創設（導入手続）

| 改正点のポイント | 労働基準法 |

- 高度プロフェッショナル制度を導入する事業場では、労使による委員会を設置し、対象業務・対象労働者等をはじめとした10事項を決議することが必要です。
- 使用者は当該決議を行政官庁に届け出なければなりません。

施行期日：2019年4月

5 制度導入手続（第41条の2第1項関係）

》労使委員会の設置と決議事項

　制度を導入する事業場は、賃金や労働時間その他の労働条件に関する事項を調査審議し、事業主に対して意見を述べることを目的とする労使委員会を設置します。労使委員会は、使用者及び当該事業場の労働者を代表する者で構成します。

　労使委員会は委員の5分の4以上の多数による議決により、図表㉔の10事項を決議します。

6 本人の同意（第41条の2第1項関係）

》同意の取得方法

　制度の導入に際しての要件として、対象労働者の範囲に属する労働者ごとに職務の内容及び制度適用について同意を得ることが求められます。この同意の取得方法は、職務記述書等の書面その他省令で定める方法とされています。

　希望しない労働者には制度が適用されないようにするとともに、同意しなかった対象労働者に不利益な取扱いをしてはなりません。

7 行政官庁への届出（第41条の2第1項・第2項関係）

　使用者は労使委員会で決議した事項を行政官庁に届出することで、当該事業場で制度を導入することができるようになります。

》届出後の報告（第41条の2第2項）

　労使委員会の決議の届出をした使用者は、省令で定めるところにより、健康確保措置の実施状況（図表㉔(4)～(6)）を行政官庁に報告しなければなりません。

》届出書類の保存

　健康確保措置の実施状況を行政官庁に報告した後は、省令で定めるところにより、その書類の保存が義務づけられます。

8 罰則（労働安全衛生法第120条関係）

　制度の適用労働者に対する面接指導（29頁 3 参照）の確実な履行を確保する観点から、医師による面接指導の義務違反に対しては罰則が科されます。

図表㉔　労使委員会で決議すべき10事項

決議すべき事項	決議する内容
(1)対象業務	高度の専門的知識等を必要とし、従事した時間と従事して得た成果との関連性が通常高くないと認められるものとして省令で定める業務のうち、労働者に就かせる業務
(2)対象労働者	対象業務に就かせようとする労働者の範囲 （以下の要件に該当することが必須） ○使用者と書面等の方法による合意に基づき職務が明確に定められていること ○1年間に支払われると見込まれる賃金の額が、「基準年間平均給与額の3倍を相当程度上回る」水準として、省令で規定される額以上である労働者
(3)健康管理時間を把握する措置	使用者が、対象労働者の事業場内に所在した時間と事業場外で業務に従事した場合における労働時間との合計の時間（健康管理時間）を把握するための措置を、省令で定める方法から決議する
(4)対象労働者に付与する休日	決議及び就業規則等で休日を規定する ○1年間を通じ104日以上の休日 ○4週間を通じ4日以上の休日
(5)対象労働者に講じる措置	決議及び就業規則等で①〜④いずれかの措置を規定する ①インターバル措置と深夜業の回数の制限（回数は省令で規定） ②1ヵ月または3ヵ月の健康管理時間の上限措置（上限時間は省令で規定） ③2週間連続の休日を年1回以上（労働者の希望で1週間連続の休日を年2回） ④臨時の健康診断（省令で定める要件に該当する労働者に実施）
(6)健康及び福祉を確保する措置	有給休暇の付与、健康診断の実施などの省令で定める事項のうち、労働者の健康管理時間の状況に応じた健康及び福祉を確保するための措置として実施するもの
(7)同意の撤回	対象労働者の同意の撤回の手続
(8)苦情処理	対象労働者からの苦情の処理に関する措置
(9)不同意労働者	同意をしなかった労働者に不利益な取扱いをしてはならないと決議
(10)その他	上記のほか、省令で定める事項

参考

❖ **高度プロフェッショナル制度に関する主な附帯決議**

(労働基準監督署の立入調査)
- 高度プロフェッショナル制度を導入する全ての事業場に対して、労働基準監督署は立入調査を行い、法の趣旨に基づき、適用可否をきめ細かく確認し、必要な監督指導を行うこと

(健康管理時間の把握、記録、保存等)
- 高度プロフェッショナル制度の対象となる労働者の健康確保を図るため、「健康管理時間」は客観的な方法による把握を原則とし、その適正な管理、記録、保存の在り方や、労働者等の求めに応じて開示する手続など、指針等で明確に示すとともに、労働基準監督署は、法定の健康確保措置の確実な実施に向けた監督指導を適切に行うこと

(労働委員会の決議等の有効期間)
- 高度プロフェッショナル制度を導入するに当たっての労使委員会における決議については、その制度創設の趣旨に鑑み、有効期間を定め、自動更新は認めないことを省令等において規定すること。加えて、本人同意については、対象労働者としての要件充足を適正に確認するためにも、短期の有期契約労働者においては労働契約の更新ごと、無期または1年以上の労働契約においては1年ごとに合意内容の確認・更新が行われるべきであることを指針に規定し、監督指導を徹底すること

※附帯決議は資料編（132頁参照）に全文掲載しています

第4章　短時間労働者・有期雇用労働者の同一労働同一賃金

1．有期雇用労働者に対する適用

改正点のポイント	パートタイム労働法・労働契約法

- パートタイム労働法の対象に有期雇用労働者が追加され、題名も「短時間労働者及び有期雇用労働者の雇用管理の改善等に関する法律」と改め、待遇に関するすべての規定が**有期雇用労働者にも適用**されます。
- 同法に基づき、**同一労働同一賃金ガイドライン**（指針）が規定されます。

施行期日：2020年4月（中小企業は2021年4月）

1 法律の適用対象の追加と題名の変更

　これまで「短時間労働者の雇用管理の改善等に関する法律」（パートタイム労働法）は、短時間労働者と通常の労働者との均衡のとれた待遇の確保等を図ることを通じて、短時間労働者がその有する能力を有効に発揮できるようにし、もってその福祉の増進を図り、あわせて経済及び社会の発展に寄与することを目的としていました。

　このたびの法改正では、有期雇用労働者の待遇等に関して労働契約法に定めている「不合理な労働条件の禁止」（第20条）が削除され、パートタイム労働法の待遇に関するすべての規定が有期雇用労働者にも適用されるようになりました。あわせて法律の題名も**「短時間労働者及び有期雇用労働者の雇用管理の改善等に関する法律」**（パート・有期労働法）と変更されました。

2 定義と比較対象（第2条関係）

　改正前の適用対象となる労働者の定義は、1週間の所定労働時間が「通常の労働者」に比べ短い労働者で、比較対象は**事業所単位**で設定されていました。

　このたびの法改正では、この比較対象が「同一の事業主に雇用される通常の労働者」と**事業主（企業、使用者）単位**で設定されました。同じ事業所に通常の労働者がいない場合には、同一企業の他の事業所にいる通常の労働者と、より広範囲で比較されることとなります。

　なお、通常の労働者とは、いわゆる正社員、正規型の労働者、フルタイムの基幹的労働者を指し、労働契約期間の定めがなく無期雇用を前提とした待遇、雇用形態、賃金体系等を総合的に勘案して社会通念上に従って判断されます。

図表㉕　法律の対象者の定義

	定義
短時間労働者	1週間の所定労働時間が、同一の事業主に雇用される通常の労働者の1週間の所定労働時間に比し短い労働者をいう。
有期雇用労働者	事業主と期間の定めのある労働契約を締結している労働者をいう。
【参考】通常の労働者	同一の事業主に雇用される労働者など（フルタイム労働者）を指す。

3 同一労働同一賃金ガイドライン（指針）の策定

　均等待遇や均衡待遇の解釈を明確化するため、同一労働同一賃金ガイドライン（指針）が策定されます。（同一労働同一賃金ガイドライン案は資料編116頁参照）

》均等待遇・均衡待遇

　均等待遇規定に関しては、①職務内容、②職務内容・配置の変更範囲が、同じ場合に適用される差別的取扱いの禁止（旧パート法第9条）が、短時間労働者に対してのみの規定でしたが、法改正により<u>有期雇用労働者も対象</u>となりました。

　均衡待遇規定に関しては、①職務内容、②職務内容・配置の変更範囲、③その他の事情の相違を考慮する不合理な待遇差を禁止（旧パート法第8条、労働契約法第20条）が、基本給、賞与、役職手当、食事手当、福利厚生、教育訓練等、<u>それぞれの待遇ごとに、待遇の性質・目的に照らして適切と認められる事情を考慮して判断されることを明確化します。</u>

図表㉖　短時間・有期雇用労働者の均等・均衡待遇（法改正に伴う規定の変化）

	短時間	有期
均等待遇	○ → ○	× → ○
均衡待遇	○ → ◎	○ → ◎

×：規定なし　　○：規定あり　　◎：明確化

》同一労働同一賃金ガイドライン（指針）に影響を与える可能性がある最高裁判決

　有期雇用労働者に対する最高裁第二小法廷判決（平成30年（2018年）6月1日）
■ハマキョウレックス事件
　（契約社員が、正社員のみに諸手当等が支給されるのは不合理であるとして差額を求めた訴訟）
転居を伴う配転がある正社員は、住宅費用が多額となり得るため、住宅手当の差は不合理でない。皆勤手当は、運転手を一定数確保する必要から皆勤を奨励する趣旨であり、職務内容によって両者の間に差は生じないため、契約社員に支給しないのは不合理である。二審判決で認定されている無事故手当、作業手当、給食手当、通勤手当の相違も不合理である。

■長澤運輸事件
　（正社員時代と全く同じ内容の仕事なのに、定年後の継続雇用において2割前後賃金が減額されたことが不合理であるとして、労働契約法20条に違反とした訴訟）
精勤手当については不合理を認めたが、継続雇用は、高年齢者雇用安定法により義務づけられており、継続雇用において職務内容やその変更の範囲等が変わらないまま相当程度賃金を引き下げることは広く行われており、会社が正社員との賃金の差額を縮める努力や組合との間で一定の協議等をしたことからすれば、賃金が定年退職前より2割前後減額されたことをもって直ちに不合理とはいえず、労働契約法20条に違反するということはできない。また、再雇用者で一定の要件を満たせば老齢厚生年金の支給を受けることができる。不合理といえない判断に労働契約法20条「その他の事情」を指摘した。

参考

❖ 無期転換によるフルタイム労働者

　平成25年（2013年）4月1日改正労働契約法第18条により、有期労働契約期間が通算して5年を超えた場合は無期転換ができます。無期転換後の労働条件は、直前の有期労働契約と同一でもいいため、その労働条件内容によっては「通常の労働者」に該当しないことがあります。

第4章　短時間労働者・有期雇用労働者の同一労働同一賃金

2．均衡待遇と均等待遇の確保

改正点のポイント	パートタイム労働法・労働契約法

●待遇の性質や目的に応じた考慮要素を判断材料として、すべての待遇で均等・均衡待遇が求められます。

施行期日：2020年4月（中小企業は2021年4月）

1 不合理な待遇の禁止（第8条関係）

　短時間労働者・有期雇用労働者と通常の労働者との間において、業務の内容及び当該業務に伴う責任の程度（**職務の内容**）、当該職務の内容及び配置の変更範囲（**いわゆる人材活用の仕組み**）、**その他の事情**のうち、目的に照らして適切と認められるものを考慮して、不合理と認められる相違を設けることを禁止し、**均衡待遇の確保**が義務づけられました。

　「待遇」とは、基本給、賞与のほか、諸手当、教育訓練、福利厚生、休憩、休日、休暇、安全衛生、災害補償、服務規律、付随業務、解雇等の労働者に対するすべての待遇を含みます。

図表㉗　均衡待遇の3つの考慮要素

①職務内容（業務内容・責任の程度）
②職務内容・配置の変更範囲（いわゆる人材活用の仕組み）
③その他の事情

》「その他の事情」に含まれる考慮要素の例示（予定）

①職務の成果　②能力　③経験　など

※労使交渉の経緯等が個別事案の事情に応じて含まれるなど、上記以外も考慮要素となります。

》待遇の性質や目的に対応する考慮要素で判断

　待遇差が不合理と認められるか否かの判断は、個々の待遇ごとに、当該待遇の性質・目的に対応する考慮要素で判断されます。たとえば、「賞与」の性質・目的の一つに「会社の業績等への貢献に応じて従業員に支給すること」がある場合、業績への貢献度合いを考慮要素として判断し、正社員と同一の貢献であると判断される短時間労働者・有期雇用労働者に対しては、貢献に応じた部分につき、同一の支給をすることが必要になります。また、貢献に一定の違いがある場合は、その相違に応じた支給をすることが求められます。

（具体例）

問題のない例	問題のある例
同じ部署で編集業務を担当している正社員Tと、同じ編集業務で同様に売上に貢献した有期雇用社員Bに対し、貢献に応じた部分については同額の賞与を支給する。	同じ部署で編集業務を担当している正社員Tには売上（貢献）等に応じた賞与を支払い、同様の編集業務を担当する有期雇用社員Bには一定額を支給する。

2 差別的取扱いの禁止（第9条関係）

　通常の労働者と①職務内容（業務内容・責任の程度）、②職務内容・配置の変更範囲（いわゆる人材活用の仕組み）が同じ短時間労働者・有期雇用労働者に対しては、短時間労働者・有期雇用労働者であることを理由として、基本給、賞与、諸手当、退職金等の賃金のほか、教育訓練、福利厚生、解雇等のすべての待遇に及ぶものについて差別的取扱いをしてはならないとされます（**均等待遇の確保**）。差別的取扱いとは、短時間労働者・有期雇用労働者であることを理由として一律に待遇差を設けることであり、たとえば通常の労働者に支給している賞与や退職金を、労働時間に比例して支給することは差別的取扱いにはあたりません。

（具体例）

問題のない例	問題のある例
正社員・有期雇用社員の区別なく、業務内容・責任の程度により同一の役職手当を支給している。	正社員には役職手当を支給しているが、有期雇用社員には、正社員に比べて低額の役職手当を支給している。

3 賃金・教育訓練・福利厚生施設の待遇（第10〜12条関係）

》賃金（第10条）

　短時間労働者・有期雇用労働者（第9条の対象となる者を除く）に対しては、通常の労働者との均衡を考慮し、職務の内容、職務の成果、意欲、能力、経験その他の就業実態に関する事項を勘案して賃金決定するよう努めるものとします。

（具体例）

問題のない例	問題のある例
正社員・有期雇用社員の区別なく、雇い入れ時から勤続年数を評価して支給している。	有期雇用社員には勤続年数ではなく、直近の契約期間のみの評価で支給している。

》教育訓練（第11条）

　通常の労働者が従事する職務の遂行に必要な能力を付与するための教育訓練は、通常の労働者と職務が同一の短時間労働者・有期雇用労働者に対しても実施しなければなりません。また、それ以外の教育訓練についても、通常の労働者との均衡を考慮し、職務の内容、職務の成果、意欲、能力、経験その他の就業実態に関する事項を勘案して実施に努めるものとします。

（具体例）

問題のない例	問題のある例
業務内容・責任の程度が同じ有期雇用社員に、正社員と同じ教育訓練を実施している。	業務内容・責任の程度が正社員と同じでも教育訓練は実施していない。

》福利厚生施設（第12条）

　これまでは、健康の保持、業務の円滑な遂行に資するものとして厚生労働省令で定める福利厚生施設（給食施設、休憩室、更衣室）の利用の機会を与えるように配慮しなければならないとされていましたが、法改正により利用の機会を与えることが**義務**づけられました。

（具体例）

問題のない例	問題のある例
正社員・有期雇用社員の区別なく、休憩室の利用を認めている。	有期雇用社員は休憩室の利用ができず、自分の机で食事・休憩をしている。

※34〜35頁の具体例は同一労働同一賃金ガイドライン案（資料編116頁参照）を参考に作成しています。

第4章　短時間労働者・有期雇用労働者の同一労働同一賃金

3．事業主の説明義務と履行確保措置

改正点のポイント	パートタイム労働法・労働契約法

- 事業主は、短時間労働者・有期雇用労働者から求めがあった場合に、通常の労働者との待遇の相違の内容及び理由並びに待遇決定に関して考慮した事項について説明義務が課せられます。
- 法律の履行確保のために国が講じる措置や、行政によるＡＤＲ（裁判外紛争解決手続）の対象が有期雇用労働者にも拡大されます。

施行期日：2020年4月（中小企業は2021年4月）

1 事業主が講ずる措置の内容等の説明（第14条関係）

≫ 雇い入れ時の説明義務（第14条第1項）

　これまでは短時間労働者の雇い入れ時に、①差別的取扱いの禁止（第9条）、②賃金（第10条）、③教育訓練（第11条）、④福利厚生施設（第12条）、⑤通常の労働者への転換（第13条）に関して事業主が講じている措置の内容を説明する義務がありましたが、このたびの法改正で有期雇用労働者に対しても説明が義務づけられました。また、⑥不合理な待遇の禁止（第8条）に関して講じている措置も説明義務の対象に追加されました。

≫ 短時間労働者・有期雇用労働者の求めに対する説明義務（第14条第2項）

　これまでは短時間労働者から求めがあった場合に、①労働条件に関する文書交付等（第6条）、②就業規則の作成の手続（第7条）、差別的取扱いの禁止（第9条）、③賃金（第10条）、④教育訓練（第11条）、⑤福利厚生施設（第12条）、⑥通常の労働者への転換（第13条）に関する決定に際して考慮した事項について説明する義務がありましたが、このたびの法改正で有期雇用労働者に対しても説明が義務づけられました。また、通常の労働者との待遇差の内容及び理由についても、短時間労働者・有期雇用労働者からの求めに応じて説明が義務づけられました。

図表㉘　待遇等に関する説明義務（法改正に伴う規定の変化）

	短時間	有期	派遣
待遇内容	○ → ○	× → ○	○ → ○
待遇決定に際しての考慮事項	○ → ○	× → ○	○ → ○
待遇差の内容・理由	× → ○	× → ○	× → ○

×：規定なし　　○：規定あり

≫ 説明を求めた場合の不利益取扱い禁止（第14条第3項）

　事業主は、短時間労働者・有期雇用労働者が通常の労働者との待遇差の内容及び理由等の説明を求めたことを理由に、解雇その他の不利益な取扱いをしてはなりません。

2 行政による履行確保措置及び裁判外紛争解決手続の整備（第18条・第22～26条関係）

- 行政による履行確保措置（報告徴収・助言・指導・勧告・公表）は、短時間労働者と派遣労働者が対象でしたが、有期雇用労働者も対象になりました。
- 行政による裁判外紛争解決手続（行政ＡＤＲ）は短時間労働者のみが対象でしたが、有期雇用労働者・派遣労働者についても利用できるようになりました。
- 均衡待遇や待遇差の内容及び理由に関する説明も行政ＡＤＲの対象に追加されました。

図表㉙　行政による履行確保措置及び行政ＡＤＲ（法改正に伴う規定の変化）

	短時間	有期	派遣
行政による履行確保措置	○ → ○	× → ○	○ → ○
行政ＡＤＲ	△ → ○	× → ○	× → ○

×：規定なし　　△：部分的に規定あり　　○：規定あり

》紛争の解決の援助及び調停（第24～26条）

次の事項に関する紛争に関しては、パート・有期労働法に基づく紛争解決の援助（図表㉚参照）や調停（図表㉛参照）が利用できます。援助の申立及び調停を申請したことを理由とする不利益取扱いは禁止されます。

- ○労働条件の文書交付等（第６条第１項）
- ○不合理な待遇の禁止（第８条）
- ○差別的取扱いの禁止（第９条）
- ○職務の遂行に必要な教育訓練（第11条第１項）
- ○福利厚生施設の利用機会の付与（第12条）
- ○通常の労働者への転換（第13条）
- ○事業主の説明義務（第14条）

図表㉚　パート・有期労働法に基づく都道府県労働局長による紛争解決の援助

援助の申立
- ○紛争の当事者（短時間労働者・有期雇用労働者または事業主）からの援助の申立により手続開始

援助の実施
- ○申立者・被申立者に対する事情聴取
- ○第三者に対する事情聴取（当事者双方の了承を得た場合）
- ○問題の解決に必要な援助（助言・指導・勧告）の実施

解決
- ○当事者双方が援助内容の受け入れ

打ち切り
- ○申立の取り下げ
- ○対立が激しく歩み寄りが困難
- ○被申立者が事情聴取等に応じない　など

必要に応じて一定の場合に調停の申請（図表㉛参照）ができる

図表㉛　パート・有期労働法に基づく均衡待遇調停会議による調停

調停の申請
- ○紛争の当事者（短時間労働者・有期雇用労働者または事業主）が都道府県労働局雇用環境・均等部（室）へ調停申請書を提出

調停申請書の受理

調停開始の決定
- ○調停を開始する必要がないと判断された場合には調停は開始されない

均衡待遇調停会議の開催（非公開）
- ○関係当事者からの事情聴取
- ○関係者（労使代表・同僚等）からの意見聴取（必要な場合）
- ○調停案の作成
- ○調整案の受諾勧告

解決
- ○当事者双方が調停案を受諾

打ち切り
- ○和解の成立
- ○調停の取り下げ
- ○被申請者が調停への参加を拒否
- ○対立が激しく歩み寄りが困難　など

第5章　派遣労働者の同一労働同一賃金

1．派遣先の情報提供義務

| 改正点のポイント | 労働者派遣法 |

- 派遣元事業主は、派遣労働者の不合理な待遇差を解消するため、⑴派遣先の労働者との均等・均衡待遇、⑵一定の要件を満たす労使協定による待遇確保、いずれかを選択して講ずることが義務づけられます。
- ⑴の労働者派遣を受け入れようとする者（派遣先）は、あらかじめ派遣元事業主に対して、派遣労働者が従事する業務ごとに比較対象となる労働者の賃金その他待遇に関する情報を提供しなければなりません。
- 派遣元事業主は、上記の情報提供がないときは労働者派遣契約を締結できません。
- 派遣先は、提供した待遇に関する情報に変更があったときは、遅滞なく変更内容を派遣元事業主に提供しなければなりません。
- 派遣先は、派遣元事業主が支給する派遣労働者の基本給等について派遣先労働者の待遇に照らして不合理とならないよう、派遣料金について配慮しなければなりません。

施行期日：2020年4月

1 労働者派遣の役務を受けようとする者（派遣先）の情報提供義務（第26条第7～10項関係）

　労働者派遣の役務の提供を受けようとする者（派遣先）は、労働者派遣契約を締結するにあたって、あらかじめ派遣元事業主に対して、図表㉜の情報を提供しなければなりません。
　また、派遣先はこれら賃金その他の待遇に関する情報に変更があったときも、遅滞なく派遣元事業主に対し、変更の内容に関する情報を提供しなければなりません。
　ただし、一定の要件を満たす労使協定の締結による待遇を確保している派遣元事業主から労働者派遣の提供を受ける場合（42・43頁参照）は、この限りではありません。

図表㉜　派遣元事業主に提供する情報

- ○比較対象労働者の賃金、その他の待遇に関する情報
- ○その他省令で定める情報

※労働者派遣にかかる派遣労働者が従事する業務ごとに提供する必要があります。

》比較対象労働者とは（第26条第8項）

- ○労働者派遣の役務の提供を受けようとする者（派遣先）に雇用されている通常の労働者で、業務の内容及び当該業務に伴う責任の程度（職務の内容）並びに当該職務の内容及び配置の変更の範囲が、派遣労働者と同一であると見込まれる者
- ○その他当該派遣労働者と待遇を比較すべき労働者として省令で定める者

》派遣元事業主へ情報提供がない場合（第26条第9項）

派遣元事業主は、労働者派遣の役務の提供を受けようとする者（派遣先）から、図表㉜の情報提供がないときは、当該者との間で労働者派遣契約を締結することができません。

》提供した情報の派遣元における取扱い（第24条の4）

派遣先が提供した情報は派遣元事業主等の秘密保持義務規定の対象となります。

❷ 派遣料金への配慮（第26条第11項関係）

労働者派遣の役務の提供を受けようとする者（派遣先）は、派遣料金の額について、派遣元事業主が派遣労働者と比較対象労働者との均等・均衡待遇を確保できるようにするため、配慮しなければなりません。

> **参考**
>
> ❖ 派遣先に求められる情報提供等（整理）
>
> このたびの法改正では、派遣労働者の派遣先における「同一労働同一賃金」を実現するため、派遣を受け入れようとする場合は、派遣元事業主に対して派遣労働者が従事する業務ごとに比較対象となる労働者の賃金等処遇に関する情報提供をしなければ、労働者派遣契約の締結ができなくなりました。これまでも、派遣元事業主からの求めがあった場合は、賃金水準に関する情報等の提供について配慮しなければならないと規定していましたが、これらが義務となるとともに、労働者派遣契約の締結条件となっています。

図表㉝　労働者派遣を受ける派遣先に求められる事項

区分	提供先	派遣先に求められること	時期
改正前	情報を求めた派遣元事業主	派遣労働者と同種の業務に従事する雇用労働者の賃金水準に関する情報（配慮事項）	求められたとき
改正後	派遣元事業主	比較対象労働者の賃金、その他の待遇に関する情報提供	派遣を受けようとする前に
		比較対象労働者の賃金、その他の待遇に関して変更があったときの情報提供	遅滞なく
		派遣料金の額について、派遣元事業主が派遣労働者の待遇を派遣先の比較対象労働者と比べて不合理と認められる相違をしないよう配慮する	都度

※適正な派遣就業の確保のため、派遣先事業主に求められる事項は48・49頁参照

> **参考**
>
> ❖ 派遣労働者に対する募集情報の提供義務
> - 派遣先で正社員を募集する場合に、その事業所に継続して1年以上受け入れている派遣労働者がいる場合は、その派遣労働者に対して正社員として就職する機会が得られるよう、募集情報を提供しなければなりません（第40条の5第1項）
> - 派遣先の同一の部署等に継続して3年間受け入れる見込みのある派遣労働者がいる場合で、派遣元から直接雇用の依頼があった場合は、派遣先における求人情報（正社員以外も含む）を提供しなければなりません（第40条の5第2項）

第5章　派遣労働者の同一労働同一賃金

2．派遣労働者の均等・均衡待遇

| 改正点のポイント | 労働者派遣法 |

(1)派遣先の労働者との均等・均衡待遇
- ●派遣元事業主は、派遣労働者の待遇について、派遣先に雇用される通常労働者の待遇との間で、不合理と認められる相違を設けてはいけません（均衡待遇）。
- ●派遣元事業主は、職務内容が派遣先に雇用される通常労働者と同一の派遣労働者で、雇用関係終了までの全期間、職務内容や配置が同一と見込まれるものは、通常労働者の待遇に比べて不利なものとしてはいけません（均等待遇）。
- ●派遣元事業主は、派遣先に雇用される通常労働者との均衡を考慮し、派遣労働者の職務内容、職務の成果、意欲、能力または経験等を勘案して賃金決定するように努めなければいけません。

施行期日：2020年4月

1 不合理な待遇の禁止等（第30条の3関係）

　一定の要件を満たした労使協定を締結していない派遣元事業主は、前節の労働者派遣の役務の提供を受けようとする者（派遣先）からの情報提供をもとに、派遣労働者を適切に処遇しなければなりません。

≫ 均衡待遇（第30条の3第1項）
　派遣元事業主は、雇用する派遣労働者の基本給、賞与その他の待遇については、以下について考慮して、不合理と認められる相違を設けてはなりません。
【考慮する事項】

> 派遣先に雇用される通常労働者（**比較対象労働者**）の待遇との間で、派遣労働者及び通常労働者の職務内容（**業務内容・責任の程度**）、当該職務の内容及び配置の変更の範囲（**いわゆる人材活用のしくみ**）その他の事情（**職務の成果、能力、経験など**）のうち、当該待遇の性質及び当該待遇を行う目的に照らして適切と認められるもの

≫ 均等待遇（第30条の3第2項）
　派遣元事業主は、以下の要件に該当する派遣労働者について、正当な理由なく基本給、賞与その他の待遇を当該通常の労働者の待遇に比べて不利なものとしてはなりません。

> ○職務内容が派遣先に雇用される通常労働者と同一の派遣労働者
> ○労働者派遣契約及び派遣先における慣行その他の事情からみて、派遣就業が終了するまでの全期間で、その職務内容及び配置が派遣先との雇用関係が終了するまでの全期間における通常労働者の職務内容及び配置の変更の範囲と同一の範囲で変更されると見込まれるもの

※派遣労働者の均等・均衡待遇に関しては、短時間労働者・有期雇用労働者と通常の労働者との均等・均衡待遇も参考になるものと考えられます（32～35頁参照）。

》同一労働同一賃金ガイドライン（指針）の策定

派遣労働者の待遇と派遣先に雇用される通常労働者（比較対象労働者）の待遇の均等・均衡待遇の解釈を明確化するため、同一労働同一賃金ガイドライン（指針）が策定されます。

> **参考**
> ❖ **同一労働同一賃金ガイドライン案**（資料編参照）
>
> 派遣元事業者は、派遣先の労働者と職務内容、職務内容・配置の変更範囲、その他の事情が同一である派遣労働者に対し、その派遣先の労働者と同一の賃金の支給、福利厚生、教育訓練の実施をしなければならない。また、職務内容、職務内容・配置の変更範囲、その他の事情に一定の違いがある場合において、その相違に応じた賃金の支給、福利厚生、教育訓練の実施をしなければならない。

2 派遣労働者の賃金決定（第30条の5関係）

》職務の内容等を勘案した賃金の決定（第30条の5）

派遣元事業主は、派遣先に雇用される通常労働者との均衡を考慮しつつ、派遣労働者の職務内容、職務の成果、意欲、能力または経験その他の就業の実態に関する事項を勘案して、賃金（通勤手当その他省令で定めるものを除く）決定するように努めなければなりません。
※第30条の3第2項（均等待遇）の対象となる派遣労働者及び協定対象派遣労働者（42・43頁）を除く。

》派遣先からの情報提供

派遣元事業主は、派遣労働者の賃金決定にあたって、労働者派遣の役務の提供を受けようとする者（派遣先）の「当該労働者派遣に係る派遣労働者が従事する業務」に従事している派遣先の比較対象労働者の賃金、その他の待遇に関する情報等を勘案して賃金を決定しなければなりません。

》派遣先から情報変更の提供があった場合

派遣先の比較対象労働者の待遇に変更があったときは、派遣先は遅滞なく、派遣元事業主に対して、当該変更の内容に関する情報を提供しなければなりませんので、賃金等に関する情報であった場合は、派遣元事業主はその情報に基づき賃金の改定を行う必要があります。
（例）春季賃金交渉に基づく賃金の引き上げ

> **参考**
> ❖ **派遣労働者の待遇に関するその他の規定**
>
> ● 派遣元事業主は、その雇用する派遣労働者が段階的かつ体系的に派遣就業に必要な技能及び知識を習得することができるように教育訓練を実施しなければなりません（**第30条の2第1項**）
> ● 派遣元事業主は、その雇用する派遣労働者の求めに応じ、派遣労働者の職業生活の設計に関し、相談の機会の確保その他の援助を行わなければなりません（**第30条の2第2項**）
> ● 派遣元事業主は、その雇用する派遣労働者または派遣労働者として雇用しようとする労働者に対して、各人の希望、能力及び経験に応じた就業の機会及び教育訓練の機会の確保、労働条件の向上その他雇用の安定を図るために必要な措置を講ずることにより、これらの者の福祉の増進を図るように努めなければなりません（**第30条の7**）

第5章　派遣労働者の同一労働同一賃金

3．労使協定による派遣労働者の待遇確保

> **改正点のポイント　労働者派遣法**
>
> (2)一定の要件を満たす労使協定による待遇確保
> - 派遣元事業主は、派遣労働者の過半数で組織する労働組合（または過半数を代表する者）との書面による協定により、一定の要件を満たす派遣労働者の待遇を定めたときは、派遣先の比較対象労働者との均等・均衡待遇にかかる規定は適用されません。
> - 派遣元事業主は、労働者派遣をするときに派遣労働者が協定対象派遣労働者か否かの別を派遣先に通知しなければなりません。
> - 派遣元管理台帳及び派遣先管理台帳の記載事項に、協定対象派遣労働者か否かの別が追加されます。
>
> 施行期日：2020年4月

1 労使協定の締結による待遇（第30条の4第1項関係）

　派遣元事業主は、省令で定めるところにより、派遣労働者の過半数で組織する労働組合または派遣労働者の過半数を代表する者との書面による協定により、その雇用する派遣労働者の待遇（派遣先が実施すべき教育訓練、福利厚生施設その他省令で定めるものを除く）について図表㉞の事項を定めた場合は、派遣先の比較対象労働者との均等・均衡待遇にかかる規定は適用されず、その労使協定に基づく待遇となります。

　ただし、労使協定を締結しても、図表㉞の2、4、5の規定を遵守していなかった場合や図表㉞の3に関して公正な評価に取り組んでいない場合は、労使協定に基づく待遇は適用されず、派遣先の比較対象労働者との均等・均衡待遇にかかる規定が適用されます。

参考

❖ **派遣労働者の待遇確保の背景（なぜ選択制なのか）**

　派遣労働者の実際の就業場所は派遣先であり、待遇に関する派遣労働者の納得感を考慮する上で、派遣先の労働者との均等・均衡待遇の確保は重要な観点です。しかし、派遣先の労働者との均等・均衡により派遣労働者の賃金決定を行う場合は、派遣先が変わるごとに賃金水準が変わり、派遣労働者の所得が不安定になることが想定されます。

　一方で、派遣労働者の業務内容は、派遣元の正規雇用労働者（内勤社員等）とはまったく異なることが多く、派遣元の正規雇用労働者を比較対象とした賃金の均衡の判断は、現実的に容易とはいえません。

　そこで労働政策審議会の建議では、(1)派遣先の労働者との均等・均衡待遇、(2)一定の要件を満たす労使協定による待遇確保、いずれかの選択制とすることが適当とされました。

図表㉞　派遣労働者の待遇に関して労使協定で定める事項（第30条の4第1項第1～6号）

	労使協定の内容
1	協定で定める待遇が適用される派遣労働者の範囲
2	派遣労働者の賃金の決定の方法 ○派遣労働者が従事する業務と同種の業務に従事する**一般労働者の平均的な賃金の額**（※）として省令で定めるものと同等以上の賃金の額となること ○派遣労働者の職務内容、職務の成果、意欲、能力または経験その他の就業実態に関する事項の向上があった場合賃金が改定されること
3	賃金決定にあたっては派遣労働者の職務内容、職務の成果、意欲、能力または経験その他の就業の実態に関する事項を公正に評価し決定すること
4	派遣労働者の待遇（賃金以外）の決定の方法 ○派遣労働者の待遇と、派遣元事業主に雇用される通常労働者（派遣労働者を除く）の待遇との間に不合理と認められる相違が生じないこと
5	派遣労働者に対して、段階的かつ体系的に派遣就業に必要な技能及び知識を習得することができるよう教育訓練を実施すること
6	上記に掲げるもののほか、省令で定める事項

※**一般労働者の平均的な賃金の額**は、法律の施行までに省令で定めるとしています。

2 労使協定の周知（第30条の4第2項関係）

1の労使協定を締結した派遣元事業主は、省令で定めるところにより、当該協定をその雇用する労働者に周知しなければなりません。

3 派遣先への通知・管理台帳の記載（第35条・第37条・第42条関係）

派遣労働者を労使協定により処遇する場合は、派遣先事業主への通知、派遣元管理台帳・派遣先管理台帳への記載など一連の手続きが必要となります。

図表㉟　労使協定を締結した場合の手続

派遣先への通知事項の追加	派遣元事業主は、法令の定めによる「派遣先への通知」に、派遣労働者が協定対象派遣労働者であるか否かの別が追加されます。
派遣元管理台帳の記載事項の追加	派遣元管理台帳に記載しなければならない事項に、協定対象派遣労働者であるか否かの別が追加されます。
派遣先管理台帳の記載事項の追加	派遣先管理台帳に記載しなければならない事項に、協定対象派遣労働者であるか否かの別が追加されます。

第5章　派遣労働者の同一労働同一賃金

4．派遣労働者にかかる就業規則の作成等の手続

| 改正点のポイント | 労働者派遣法 |

●派遣元事業主は、派遣労働者にかかる事項について就業規則を作成し、または変更しようとするときは、あらかじめ雇用する派遣労働者の過半数の代表者と認められるものから意見を聴くように努めなければなりません。

施行期日：2020年4月

1 就業規則の作成（変更）にあたっての意見聴取（第30条の6関係）

　就業規則の作成・届出にあたっては、労働者の過半数で組織する労働組合がある場合においてはその労働組合、過半数で組織する労働組合がない場合においては労働者の過半数を代表する者の意見を聴かなければならない（労働基準法第90条）とされています。

　このたびの法改正では、派遣元事業主が派遣労働者にかかる事項についての就業規則を作成、または変更するにあたって、労働基準法第90条で求められる事業場の労働者の過半数代表者からの意見聴取とは別に、あらかじめ雇用する派遣労働者の過半数を代表すると認められるものの意見を聴くように努めなければならないとされました。

　したがって、派遣労働者に係る就業規則を作成、または変更する場合は、まずは適切に派遣労働者の過半数代表者を選任しておくことが必要です。

》 派遣労働者の過半数を代表すると認められるもの

　ここでいう「過半数代表者と認められるもの」については、労働基準法第90条に規定する就業規則作成・変更にあたっての過半数労働者の代表者の選任と同様の方法で決められたものと考えるべきだと思われます。

参考
❖ 過半数代表者の選出方法

　選出方法は下記の方法（図表㊱）などが考えられますが、いずれの方法であっても派遣労働者の過半数がその人の選任を支持していることが明確になる民主的な手続をとることが必要です。

　過半数代表者の選出については、省令で使用者（派遣元事業主）の意向によって選出された者ではないことが要件として明確に規定されます。また使用者（派遣元事業主）は、過半数代表者がその事務を円滑に遂行できるよう必要な配慮をしなければなりません。

図表㊱　過半数代表者の選出方法

①投票による選挙
②推薦
③挙手
④派遣労働者の協議（議事録を残しておくとよい）

》》派遣労働者にかかる就業規則の作成・変更手順

派遣元事業主が派遣労働者にかかる事項についての就業規則を作成、または変更するにあたっては、次の手順（図表㊲）が考えられます。

図表㊲　就業規則の作成・変更手順（派遣元事業主）

派遣労働者の過半数代表者を選出
図表㊱の方法により選出します。

過半数代表者より意見聴取
○労働者の過半数で組織する労働組合がある場合においてはその労働組合、過半数で組織する労働組合がない場合においては労働者の過半数を代表する者の意見を聴取します。
○派遣労働者にかかる事項については、当該事業所において雇用する派遣労働者の過半数代表者から意見を聴取します（努力義務）。

就業規則の作成・変更
就業規則の作成または変更を事業主が行います。

所轄労働基準監督署に届出
過半数代表者・派遣労働者の過半数代表者の意見書を添付して、所轄労働基準監督署に届出します。

労働者への周知
就業規則は労働者に周知し、いつでも見られる状態にしておくことが必要です。

参考

❖ **周知の方法**

就業規則の周知については、次の方法が考えられます。

○常に各作業場の見やすい場所に備え付ける
○全労働者に書面で渡す
○グループウエアなど社内webに記録し、いつでも確認できるようにする
　　　　　　　　　　　　　　　　　　　　　　　　　など

第5章　派遣労働者の同一労働同一賃金

5．派遣元事業主の説明義務

改正点のポイント	労働者派遣法

● 派遣元事業主は、①派遣労働者を雇い入れたとき、②派遣労働者を派遣するとき、③派遣労働者から求めがあったときに、派遣労働者の待遇等に関して説明等をしなければなりません。
● 派遣元事業主は、派遣労働者から待遇などに関する説明の求めがあったことを理由として、不利益な取扱いをしてはなりません。

施行期日：2020年4月

1 派遣労働者を雇い入れたときの説明義務（第31条の2第2項関係）

　派遣元事業主は、派遣労働者を雇い入れたとき、あらかじめ文書の交付等により図表㊳(1)に掲げる労働条件を明示するとともに、図表㊳(2)に関して実施している措置の内容を説明しなければなりません。

図表㊳　派遣労働者を雇い入れたときの説明義務事項

(1)文書の交付による明示	労働契約の期間
	有期労働契約を更新する場合の基準
	就業場所・従事すべき業務
	始業・終業時刻、時間外労働の有無、休憩時間、休日、休暇
	賃金の決定、計算・支払方法及び賃金の締切・支払時期
	退職に関する事項
(2)措置内容の説明事項	派遣先の比較対象労働者の待遇を考慮して不合理となるような相違を設けない（均衡待遇）
	正当な理由なく派遣先の比較対象労働者の待遇に比べて不利なものとしない（均等待遇）

2 派遣労働者を派遣するときの説明義務（第31条の2第3項関係）

　派遣元事業主は、労働者派遣をしようとするときは、あらかじめ文書の交付等により図表㊴(1)に掲げる労働条件を明示するとともに、図表㊴(2)に関して実施している措置の内容を説明しなければなりません。
（注）賃金等について労使協定にかかるものについては除きます。

図表㊴　派遣労働者を派遣するときの説明義務事項

(1)文書の交付による明示	賃金
	労働時間
	労働契約の期間
	有期労働契約を更新する場合の基準
	就業場所・従事すべき業務
	始業・終業時刻、時間外労働の有無、休憩時間、休日、休暇
	賃金の決定、計算・支払方法及び賃金の締切・支払時期
	退職に関する事項
(2)措置内容の説明事項	派遣先の比較対象労働者の待遇を考慮して不合理となるような相違を設けないこと（均衡待遇）
	正当な理由なく派遣先の比較対象労働者の待遇に比べて不利なものとしないこと（均等待遇）

3 派遣労働者から求めがあったときの説明義務（第31条の2第4項関係）

　派遣元事業主は、派遣労働者から求めがあったときは、派遣労働者と比較対象労働者との待遇の相違の内容及び理由と、派遣労働者の待遇等を決定するにあたって考慮したことなどを説明しなければなりません。

図表㊵　派遣労働者から求めがあったときの説明義務事項

○派遣先における比較対象労働者との間の待遇の相違の内容及び理由
○比較対象労働者との均衡待遇、均等待遇について考慮した事項
○「職務の内容等を勘案した賃金の決定」に定める賃金決定において考慮した事項
○「就業規則の作成等の手続」に定める派遣労働者代表からの意見の聴取について

参考
図表㊶　派遣元事業主の説明義務（法改正に伴う規定の変化）

	改正前	改正後
派遣労働者を雇い入れたとき	○	◎
派遣労働者を派遣するとき	×	○
派遣労働者から求めがあったとき	○	◎

×：規定なし　　○：規定あり　　◎：規定拡充

》 説明を求めた場合の不利益取扱いの禁止（第31条の2第5項）

　派遣元事業主は、派遣労働者が図表㊵の説明を求めたことを理由として、当該派遣労働者に対して解雇その他不利益な取扱いをしてはなりません。

第5章　派遣労働者の同一労働同一賃金

6．派遣先における適正な派遣就業の確保等

| 改正点のポイント | 労働者派遣法 |

- 派遣先は、派遣労働者に対して業務の遂行に必要な教育訓練の実施や福利厚生施設の利用の機会の付与など、適正な派遣就業の確保のために必要な措置を講じなければなりません。
- 派遣先は、派遣元事業主が派遣労働者の均等・均衡待遇や説明義務等を果たすため、派遣元事業主の求めに応じ、派遣先に雇用される労働者の情報、派遣労働者に業務の遂行状況など、必要な情報を提供するなどの配慮をしなければなりません。

施行期日：2020年4月

1 派遣先における教育訓練の実施（第40条第2項関係）

　派遣先は、その指揮命令下で労働させる派遣労働者に対して、派遣元事業主からの求めに応じ、派遣労働者が従事する業務と同種の業務に従事する労働者の業務の遂行に必要な能力を付与するための教育訓練については、派遣労働者に対してもこれを実施するなど、必要な措置を講じなければなりません。
　ただし、派遣労働者がすでに当該業務に必要な能力を有している場合などは、この限りではありません。

2 派遣先における福利厚生施設の利用機会の確保（第40条第3項関係）

　派遣先は、直接雇用している労働者に利用の機会を与えている福利厚生施設であって、業務の円滑な遂行に資するものとして省令で定めるものについては、その指揮命令の下に労働させる派遣労働者に対しても、利用の機会を与えなければなりません。
　なお、前述の教育訓練と異なり、「派遣元事業主からの求め」は要件ではありません。

3 派遣先における適切な就業環境の維持等（第40条第4項関係）

　派遣先は、派遣就業が適正かつ円滑に行われるようにするため、適切な就業環境を維持するとともに、派遣先で雇用される労働者が通常利用している診療所等の施設（前述の福利厚生施設を除く）の利用について、指揮命令下で労働させる派遣労働者に対しても利用に関する便宜供与を図るなど、必要な措置を講ずるように配慮しなければなりません。

4 派遣先における情報提供の配慮義務（第40条第5項関係）

　派遣先は、派遣元において①段階的かつ体系的な教育訓練（第30条の2）、②派遣先の労働者との均等・均衡待遇（第30条の3）、③一定の要件を満たす労使協定による待遇確保（第30条の4第1項）、④派遣労働者から求めがあったときの派遣元事業主の説明義務（第31条の2第4項）、が適切に実施されるため、派遣元事業主の求めに応じ、派遣先に雇用される労働者に関する情報、派遣労働者の業務の遂行の状況、その他の情報であって当該措置に必要なものを提供するなど、必要な協力をするように配慮しなければなりません。

⇒派遣先に情報提供義務が課せられる情報（図表㊷参照）以外の情報については、派遣元事業主の求めに応じて必要な協力をすることが配慮義務とされています。

図表㊷　派遣先が派遣元事業主に提供する情報（再掲）

○比較対象労働者の賃金、その他の待遇に関する情報
○その他省令で定める情報

図表㊸　派遣労働者の適正な派遣就業の確保のために派遣先に求められる事項

求められる事項	要件等	改正前	改正後
業務の遂行に必要な能力付与のための教育訓練の実施等（すでに当該業務に必要な能力を有している場合等を除く）	派遣元事業主の求めに応じ	配慮義務	義務
業務の円滑な遂行に資するものとして省令で定める福利厚生施設の利用機会の付与（食堂、休憩室、更衣室など）	雇用労働者に利用の機会を与えている	配慮義務	義務
適切な就業環境の維持のため診療所等の施設の利用に関する便宜の供与等	雇用労働者に利用の機会を与えている	努力義務	配慮義務
派遣先の雇用労働者の情報、派遣労働者の業務遂行状況その他の情報提供等の必要な協力	派遣元事業主の求めに応じ	努力義務	配慮義務

第5章　派遣労働者の同一労働同一賃金

7．紛争解決・勧告及び公表

| 改正点のポイント | 労働者派遣法 |

- ●派遣元事業主は、派遣労働者から待遇面や待遇に関する説明に関し、苦情の申出を受けたときは、自主的な解決を図るように努めなければなりません。
- ●派遣先は、教育訓練の実施や福利厚生施設の利用に関し、苦情の申出を受けたときは、自主的な解決を図るように努めなければなりません。
- ●都道府県労働局長は、派遣労働者と派遣元事業主または派遣先の間の紛争に関し、当事者から解決の援助を求められたときは、必要な助言、指導または勧告ができるほか、紛争調停委員会に調停を行わせることができます。
- ●厚生労働大臣による勧告及び公表の対象に、派遣先の情報の提供（変更を含む）、派遣労働者の適正な派遣就業の確保等に違反している場合等が追加されます。

施行期日：2020年4月

1 苦情の自主的解決（第47条の4関係）

　派遣元事業主は、不合理な待遇の禁止等（第30条の3）や労使協定締結による待遇（第30条の4）、派遣元事業主の説明義務や不利益取扱いの禁止（第31条の2第2～5項）に関して、派遣労働者から苦情の申出を受けたとき、または派遣労働者が派遣先に対して申出した苦情の内容が派遣先から通知されたときは、その自主的な解決を図るように努めなければなりません。
　派遣先も、派遣先における教育訓練の実施（第40条第2項）及び派遣先の福利厚生施設の利用機会の確保（第40条第3項）に関して、派遣労働者から苦情の申出を受けたときは、その自主的な解決を図るように努めなければなりません。

2 紛争の解決の促進に関する特例（第47条の5関係）

　図表㊹の紛争については、個別労働関係紛争の解決の促進に関する法律の規定は適用されず、**3** 紛争の解決の援助及び **4** 調停によることとされます。

図表㊹　特例対象となる紛争

派遣労働者と派遣元事業主との間の紛争	派遣労働者と派遣先との間の紛争
・不合理な待遇の禁止等（第30条の3） ・労使協定締結による待遇（第30条の4） ・派遣元事業主の説明義務（第31条の2第2～4項） ・派遣労働者が説明を求めたことに対する不利益取扱いの禁止（第31条の2第5項）	・教育訓練の実施（第40条第2項） ・福利厚生施設の利用機会の確保（第40条第3項）

3 紛争の解決の援助（第47条の6関係）

　都道府県労働局長は、図表㊹の紛争に関して、紛争の当事者の双方または一方からその解決について援助を求められた場合は、紛争の当事者に対して、必要な助言、指導または勧告をすることができます。

　派遣元事業主及び派遣先は、派遣労働者が紛争の解決のために都道府県労働局長に援助を求めたことを理由として、不利益な取扱いをしてはなりません。

4 調停（第47条の7・第47条の8関係）

　都道府県労働局長は、図表㊹の紛争に関して、紛争の当事者の双方または一方から調停の申請があった場合において当該紛争の解決のために必要があると認めるときは、個別労働関係紛争の解決の促進に関する法律に定める紛争調整委員会に調停を行わせることとなります。

　この場合でも、派遣元事業主及び派遣先は、派遣労働者が紛争の解決のために都道府県労働局長に調停の申請をしたことを理由として、不利益な取扱いをしてはなりません。

　この調停の手続は、男女雇用機会均等法（雇用の分野における男女の均等な機会及び待遇の確保等に関する法律）の規定を準用することとしています。

5 厚生労働大臣による勧告及び公表の対象の追加（第49条の2関係）

　厚生労働大臣による勧告及び公表の対象として以下が追加されます。

①派遣先が待遇に関する情報の提供（変更を含む）、派遣労働者に必要な能力を付与するための教育訓練の実施や福利厚生施設利用の提供に違反している場合
②①に違反して指導または助言を受けたにもかかわらず、なおこれらに違反するおそれがあると認める場合

図表㊺　行政による履行確保措置及び行政ＡＤＲ（法改正に伴う規定の変化：再掲）

	短時間	有期	派遣
行政による履行確保措置（事業主に対する報告徴収・助言・指導等）	○ → ○	× → ○	○ → ○
行政ＡＤＲ（行政による裁判外紛争解決手続）	△ → ○	× → ○	× → ○

×：規定なし　　△：部分的に規定あり　　○：規定あり

第6章　産業医・産業保健機能の強化

1．産業医の活動環境の整備

| 改正点のポイント | 労働安全衛生法 |

- 産業医は、労働者の健康管理等を行うのに必要な医学に関する知識に基づいて、誠実に職務を行わなければなりません。
- 産業医を選任した事業者は、労働者の健康管理等を適切に行うために必要な情報を産業医に提供しなければなりません。
- 事業者は、産業医の勧告を受けたときは、その内容を尊重するとともに、衛生委員会等に報告しなければなりません。
- 産業医を選任した事業者は、産業医の業務等を労働者に周知しなければなりません。

施行期日：2019年4月

1 産業医の独立性・中立性の強化（第13条第3項関係）

　産業医については、労働者の健康管理等を行うのに必要な医学に関する知識に基づいて、誠実にその職務を行わなければならないと法令上規定されます（誠実職務遂行義務）。あわせて、産業医に対しては産業医学に関する知識・能力の維持向上に努めることも求めます。
　一方で、産業医の身分の安定性を担保する観点から、産業医が離任する場合は、事業者がその事実と離任する理由を衛生委員会に報告します。

2 産業医等に対する事業者の情報提供義務（第13条第4項関係）

　長時間労働者に対する健康確保対策の強化として、産業医を選任した事業者は、労働者の労働時間に関する情報、その他産業医が労働者の健康管理等を適切に行うために必要な情報として省令で定めるものを産業医に提供しなければなりません。
　医師等（※）に労働者の健康管理等の全部または一部を行わせる事業者は、同様に必要な情報を医師等に提供するよう努めなければなりません。

提供が必要な情報とは（予定）

労働政策審議会の建議によれば、「休憩時間を除き1週間当たり40時間を超えて労働させた場合におけるその超えた時間が1ヵ月当たり**80時間**を超えた労働者の氏名及び当該労働者にかかる超えた時間に関する情報」や「労働者の健康管理のために必要となる労働者の業務に関する情報」などが含まれる予定です。

※医師等とは

産業医を選任する必要のない50人未満規模の事業場で、労働者の健康管理を行うのに必要な医学に関する知識を有する医師その他省令で定める者のことです（以下の医師等も同じです）。

3 産業医の勧告内容の衛生委員会等へ報告等（第13条第5項・第6項関係）

　長時間労働者に対する健康確保対策の強化として、産業医から勧告を受けた事業者は、その勧告の内容を尊重するとともに、衛生委員会または安全衛生委員会に報告しなければなりません。
　また、衛生委員会においては、その委員である産業医が労働者の健康管理の観点から必要な調査審議を求めることができるようになるほか、専門的立場から必要な発言等を積極的に行うことが求められます。

4 産業医等による健康管理等の適切な実施を図るための体制整備（第13条の3関係）

　長時間労働者に対する健康確保対策の強化として、事業者は産業医または医師等による労働者の健康管理等の適切な実施を図るため、産業医または医師等が労働者からの健康相談に応じ、適切に対応するために必要な体制の整備等に努めなければなりません。

5 産業医等の選任の労働者への周知（第101条第2項関係）

　産業医を選任した事業者は、その事業場における産業医の業務の内容その他の産業医の業務に関する事項を、常時各作業場の見やすい場所に掲示し、または備え付けることその他の省令で定める方法により、労働者に周知しなければなりません。
　医師等に労働者の健康管理等の全部または一部を行わせる事業者は、産業医と同様に労働者に周知させるように努めなければなりません。

参考
図表㊻　産業医と衛生委員会

区分	概要	主な役割	設置基準
産業医	●労働者の健康管理等を行うのに必要な医学に関する知識等の要件を備えた者	●作業環境の維持管理、作業の管理、労働者の健康管理等の実施 ●労働者に対し健康管理等について必要な勧告	常時使用する労働者50人以上の事業場は選任義務あり
衛生委員会	●労働者の衛生にかかる事項を調査審議し、事業者に意見を述べることができる ●委員会は、使用者、労働者、産業医等で構成する	【調査審議事項】 ●健康障害の防止、健康の保持増進等図るための対策 ●労働災害の原因・再発防止対策で衛生にかかるもの	常時使用する労働者50人以上の事業場は設置義務あり

第6章　産業医・産業保健機能の強化

2．労働者の心身の状態に関する情報の取扱い

| 改正点のポイント | 労働安全衛生法・じん肺法 |

- 事業者は、労働者の心身の状態に関する情報を収集、保管、使用するにあたっては、労働者の健康の確保に必要な範囲内とするとともに、適正に管理するために必要な措置を講じなければなりません。
- 厚生労働大臣は、事業者が講ずべき措置の適切かつ有効な実施を図るために必要な指針を公表するとともに、事業者等に必要な指導等を行います。

施行期日：2019年4月

1 労働者の心身の状態に関する情報の収集・保管・使用（第104条第1項関係）

　事業者は、労働安全衛生法またはこれに基づく命令規定による措置の実施に関し、労働者の心身の状態に関する情報を収集し、保管し、または使用するにあたっては、労働者の健康の確保に必要な範囲内で労働者の心身の状態に関する情報を収集し、収集の目的の範囲でこれを保管し、及び使用しなければなりません。
　ただし、本人の同意がある場合や正当な事由がある場合はこの限りではありません。

2 労働者の心身の状態に関する情報の適正な管理（第104条第2項関係）

　事業者は、労働者の心身の状態に関する情報を適正に管理するために必要な措置を講じなければなりません。

3 指針の公表等（第104条第3項・第4項関係）

　厚生労働大臣は、労働者の心身の状態に関する情報の収集・保管・使用または適正に管理するために事業者が講ずべき措置の適切かつ有効な実施を図るため、必要な指針を公表します。また、事業者等に対し、当該指針に関して必要な指導等を行うことができます。

》労働者の心身の状態に関する情報の適正な取扱いのために事業者が講ずべき措置に関する指針

　指針は、事業者に事業場ごとに心身の状態の情報の取扱いに関する取扱規程を定め、適切に運用するよう求め、事業者が策定すべき規程の内容、策定の方法、運用等について示しています。

取扱規程に定めるべき事項（予定）
① 心身の状態の情報を取り扱う目的及び取扱い方法
② 心身の状態の情報を取り扱う者及びその権限並びに取り扱う心身の状態の情報の範囲
③ 心身の状態の情報を取り扱う目的等の通知方法及び本人同意の取得方法
④ 心身の状態の情報の適正管理の方法
⑤ 心身の状態の情報の開示、訂正等及び使用停止等の方法（消去に関するものを含む）
⑥ 心身の状態の情報の第三者提供の方法
⑦ 事業承継、組織変更に伴う心身の状態の情報の引継ぎに関する事項
⑧ 心身の状態の情報の取扱いに関する苦情の処理
⑨ 取扱規程の労働者への周知の方法

じん肺法の改正について（第35条の３）

1. 労働者の心身の状態に関する情報の収集・保管・使用
2. 労働者の心身の状態に関する情報の適正な管理
3. 指針の公表等

　これらの内容は、じん肺法またはこれに基づく命令規定による措置の実施に関する労働者の心身の状態に関する情報等についても同様の取扱いとするように、じん肺法が改正されています。

参考
❖ ストレスチェック制度の実施状況に見る企業の実態

　労働者の心身の状態に関する情報としては、健康診断結果、既往歴などのほか、2015年12月から施行された改正労働安全衛生法に基づくストレスチェック制度の検査結果があります。

> 　ストレスチェック制度は、職場におけるメンタルヘルス不調を未然に防止することを目的に、従業員50人以上規模事業場に対し、年１回ストレスチェックとその結果に基づく面接指導などの実施を義務づけているものです。厚生労働省は2017年７月、このストレスチェック制度の１回目の実施状況を調査し、公表していますので、ここに紹介します。
> 　調査結果によると、実施義務対象事業場のうち82.9％の事業場がストレスチェック制度を実施し、その実施事業場の労働者のうちストレスチェックを受けた労働者は78.0％でした。したがって、実施対象事業場で働く労働者の約65％が受けたことになります。
> 　なお、ストレスチェックを受けた労働者のうち医師による面接指導を受けた労働者は図表㊾のとおり0.6％にとどまっています。また、図表㊿のとおりストレスチェック制度を実施した事業場のうち78.3％の事業場が集団分析を実施していますが、厚生労働省によると実施後に何らかの職場環境の改善をしていたのは37.0％にとどまりました。面接指導については、高ストレス労働者がどの程度受けたのか明確ではありませんが、必要であるにもかかわらず受けていない労働者も多いと思われます。

図表㊼　ストレスチェック制度の実施状況

事業場規模	50~99人	100~299人	300~999人	1000人以上	計
実施事業場の割合	78.9%	86.0%	93.0%	99.5%	82.9%

図表㊽　ストレスチェックの受検状況

事業場規模	50~99人	100~299人	300~999人	1000人以上	計
受けた労働者の割合	77.0%	78.3%	79.1%	77.15%	78.0%

図表㊾　医師による面接指導を受けた労働者の状況

事業場規模	50~99人	100~299人	300~999人	1000人以上	計
面接指導受けた割合	0.8%	0.7%	0.6%	0.5%	0.6%

図表㊿　集団分析の実施状況

事業場規模	50~99人	100~299人	300~999人	1000人以上	計
集団分析実施の割合	76.2%	79.7%	83.6%	84.8%	78.3%

第6章　産業医・産業保健機能の強化

3．医師の面接指導

改正点のポイント	労働安全衛生法

- 事業者は、新たな技術、商品または役務の研究開発に係る業務に従事する労働者が省令で定める時間（1週あたり40時間を超える労働時間が月100時間）を超える場合は、医師による面接指導を行わなければなりません。
- 事業者は、高度プロフェッショナル制度（特定高度専門業務・成果型労働制）の対象労働者で、その健康管理時間が省令で定める時間（1週あたり40時間を超える労働時間が月100時間）を超える場合は、医師による面接指導を行わなければなりません。
- 事業者は、時間外労働が月80時間を超えた労働者から申出があった場合には、医師の面接指導を実施しなければなりません。

施行期日：2019年4月

❶ 新技術・新商品等の研究開発業務労働者に対する面接指導等（第66条の8の2関係）

　事業者は、時間外労働の上限規制の適用除外とされる新技術・新商品等の研究開発業務に従事する労働者の労働時間が、省令で定める時間（1週あたり40時間を超える労働時間が月100時間）を超える場合は、その労働者に対し、医師による面接指導を実施しなければなりません。また、労働者も医師による面接指導を受けなければなりません。
　事業者は、その面接指導の結果を記録することが必要です。

》 面接指導の結果に基づく必要な措置（第66条の8の2第2項）
　事業者は、面接指導の結果に基づく必要な措置について医師の意見を聴かなければならず、その必要があると認めるときは、**就業場所の変更、職務内容の変更、有給休暇（年次有給休暇を除く）の付与**、労働時間の短縮、深夜業の回数の減少等の措置等を講じなければなりません。

❷ 高度プロフェッショナル制度の対象労働者に対する面接指導等（第66条の8の4関係）

　事業者は、高度プロフェッショナル制度（特定高度専門業務・成果型労働制）の対象労働者であって、その健康管理時間（※）が省令で定める時間（1週あたり40時間を超える労働時間が月100時間）を超える場合は、その労働者に対し、医師による面接指導を実施しなければなりません。また、労働者も医師による面接指導を受けなければなりません。
　事業者は、その面接指導の結果を記録することが必要です。

》 面接指導の結果に基づく必要な措置（第66条の8の4第2項）
　事業者は、面接指導の結果に基づく必要な措置についての医師の意見を聴かなければならず、その必要があると認めるときは、**職務内容の変更、有給休暇（年次有給休暇を除く）の付与、健康管理時間が短縮されるための配慮等**の措置等を講じなければなりません。

※健康管理時間とは

高度プロフェッショナル制度の労働者で、対象労働に従事する労働者の健康管理を行うために算定する、事業場内にいた時間と事業場外において労働した時間との合計時間

3 時間外労働月80時間超の労働者に対する面接指導等（第66条の8関係）

　長時間労働者に対する健康確保措置として事業者が実施する医師の面接指導については、これまで時間外労働が月100時間を超えた者から申出があった場合に義務づけられていましたが、この時間数を定めている省令を改正し、時間外労働が**月80時間**を超えた者から申出があった場合と義務対象が拡大されました。

》 面接指導の結果に基づく必要な措置（第66条の8第4項・第5項）

　事業者は、面接指導の結果に基づく必要な措置について医師の意見を聴かなければならず、その必要があると認めるときは、就業場所の変更、作業の転換、労働時間の短縮、深夜業の回数の減少等の措置等を講じなければなりません。

》 産業医・産業保健機能の強化による面接指導の実施手順

拡充	事業者はすべての労働者の労働時間を把握しなければならない
↓	
拡充	事業者は産業医に時間外労働月80時間超の労働者の情報を提供
↓	
	産業医が情報をもとに労働者に面接指導の申出を勧奨
↓	
拡充	時間外労働月80時間超の労働者が事業者に面接指導を申出
↓	
	事業者が産業医等による面接指導を実施
↓	
	事業者が産業医等から労働者の措置等の意見を聴く
↓	
	事業者が産業医の意見を踏まえて必要な措置を講ずる
↓	
新規	事業者が産業医に措置内容を情報提供
↓	
	措置状況を確認した産業医が労働者の健康確保に必要な場合は事業者に勧告
↓	
新規	事業者が産業医の勧告内容を衛生委員会に報告

※カコミはこのたびの法改正等で新規・拡充された事項

4 罰則規定（第120条関係）

　新技術・新商品等の研究開発業務の労働者に対する面接指導と、高度プロフェッショナル制度の対象労働者に対する面接指導の実施義務違反には罰則が科されます。

第6章　産業医・産業保健機能の強化

4．労働時間の状況の把握

| 改正点のポイント | 労働安全衛生法 |

- 事業者は、長時間労働者等の面接指導を実施するため、省令で定める方法により、労働者の労働時間の状況を把握しなければいけません。
- 改正前では対象外とされている管理監督者、みなし労働時間制が適用される労働者の労働時間の状況も把握する対象に含まれます。

施行期日：2019年4月

1 労働時間の状況の把握（第66条の8の3関係）

　事業者は、長時間労働者等に対する面接指導を実施するため、労働者の労働時間の状況を把握しなければなりません。労働時間の把握の方法や労働時間の考え方などについては、現行の「**労働時間の適正な把握のために使用者が講ずべき措置に関するガイドライン**」（以下、ガイドライン）の内容が省令で規定される予定です。

》 労働時間の考え方

　ガイドラインでは、「労働時間とは使用者の指揮命令下に置かれている時間であり、使用者の明示又は黙示の指示により労働者が業務に従事する時間は労働時間に当たる」としており、例示として、参加することが業務上義務づけられている研修・教育訓練の受講や、使用者の指示により業務に必要な学習等を行っていた時間は労働時間に該当するとしています（図表㊾参照）。

図表㊾　労働時間に該当するもの（例示）

- ○使用者の指示により、就業を命じられた業務に必要な準備行為（着用を義務づけられた所定の服装への着替え等）や業務終了後の業務に関連した後始末（清掃等）を事業場内において行った時間
- ○使用者の指示があった場合には即座に業務に従事することを求められており、労働から離れることが保障されていない状態で待機等している時間（いわゆる「手待時間」）
- ○参加することが業務上義務づけられている研修・教育訓練の受講や、使用者の指示により業務に必要な学習等を行っていた時間

》 罰則

　労働時間の状況の把握義務違反に罰則は科されません。

2 労働時間の適正な把握のために使用者が講ずべき措置

　ガイドラインにおける使用者が講ずべき措置は以下のとおりです。省令では、労働時間を適正に把握するための方法と、その記録を作成し、3年間保存するための必要な措置を講じなければならないことが規定される予定です。

①使用者は、労働者の労働日ごとの始業・終業時刻を確認し、適正に記録すること
【原則的な方法】

- 使用者が自ら現認することにより確認すること
- タイムカード、ICカード、パソコンの使用時間の記録等の客観的な記録を基礎として確認し、適正に記録すること

【やむを得ず自己申告制で労働時間を把握する場合】

- 自己申告を行う労働者や労働時間を管理する者に対しても自己申告制の適正な運用等ガイドラインに基づく措置等について、十分な説明を行うこと
- 自己申告により把握した労働時間と入退場記録やパソコンの使用時間等から把握した在社時間との間に著しい乖離がある場合には、実態調査を実施し、所要の労働時間の補正をすること
- 使用者は、労働者が自己申告できる時間数の上限を設ける等適正な自己申告を阻害する措置を設けてはならないこと。さらに36協定における延長することができる時間数を超えて労働しているにもかかわらず、記録上これを守っているようにすることが、労働者等において慣習的に行われていないか確認すること

②賃金台帳の適正な調製

- 使用者は、労働者ごとに、労働日数、労働時間数、休日労働時間数、時間外労働時間数、深夜労働時間数といった事項を適正に記入しなければならないこと

3 労働時間を把握する対象労働者

　ガイドラインの対象となる労働者は、部長、工場長等の労働条件の決定その他労務管理について経営者と一体的な立場にある管理監督者、及びみなし労働時間制が適用される事業場外で労働する者で労働時間の算定が困難なもの、専門業務型裁量労働制が適用される者、企画業務型裁量労働制が適用される者（事業場外労働を行う者にあっては、みなし労働時間制が適用される時間に限る）が除外されていました。
　このたびの法改正では、これらの管理監督者、みなし労働時間制が適用される労働者を含むすべての労働者が労働時間の状況を把握する対象となります。

資 料 編

- 法令新旧対照表
- 同一労働同一賃金ガイドライン案
- 附帯決議

労働基準法（昭和22年法律第49号）

（下線部分は改正部分）

改正後

第12条 （略）
② （略）
③ 前２項に規定する期間中に、次の各号のいずれかに該当する期間がある場合においては、その日数及びその期間中の賃金は、前２項の期間及び賃金の総額から控除する。
  1～3 （略）
  4 育児休業、介護休業等育児又は家族介護を行う労働者の福祉に関する法律（平成３年法律第76号）第２条第１号に規定する育児休業又は同条第２号に規定する介護休業（同法第61条第３項（同条第６項において準用する場合を含む。）に規定する介護をするための休業を含む。<u>第39条第10項</u>において同じ。）をした期間
  5 （略）
④～⑧ （略）

（契約期間等）
第14条 労働契約は、期間の定めのないものを除き、一定の事業の完了に必要な期間を定めるもののほかは、３年（次の各号のいずれかに該当する労働契約にあつては、５年）を超える期間について締結してはならない。
  1 専門的な知識、技術又は経験（以下この号及び<u>第41条の２第１項第１号</u>において「専門的知識等」という。）であつて高度のものとして厚生労働大臣が定める基準に該当する専門的知識等を有する労働者（当該高度の専門的知識等を必要とする業務に就く者に限る。）との間に締結される労働契約
  2 （略）
②・③ （略）

第32条の２ （略）
② 使用者は、厚生労働省令で定めるところにより、前項の協定を行政官庁に届け出なければならない。
第32条の３ 使用者は、就業規則その他これに準ずるものにより、その労働者に係る始業及び終業の時刻をその労働者の決定に<u>委ねる</u>こととした労働者については、当該事業場の労働者の過半数で組織する労働組合がある場合においてはその労働組合、労働者の過半数で組織する労働組合がない場合においては労働者の過半数を代表する者との書面による協定により、次に掲げる事項を定めたときは、その協定で第２号の清算期間として定められた期間を平均し１週間当たりの労働時間が第32条第１項の労働時間を超えない範囲内において、同条の規定にかかわらず、１週間において同項の労働時間又は１日において同条第２項の労働時間を超えて、労働させることができる。
  1 <u>この項</u>の規定による労働時間により労働させることができることとされる労働者の範囲
  2 清算期間（その期間を平均し１週間当たりの労

改正前

第12条 （略）
② （略）
③ 前２項に規定する期間中に、次の各号のいずれかに該当する期間がある場合においては、その日数及びその期間中の賃金は、前２項の期間及び賃金の総額から控除する。
  1～3 （略）
  4 育児休業、介護休業等育児又は家族介護を行う労働者の福祉に関する法律（平成３年法律第76号）第２条第１号に規定する育児休業又は同条第２号に規定する介護休業（同法第61条第３項（同条第６項において準用する場合を含む。）に規定する介護をするための休業を含む。<u>第39条第８項</u>において同じ。）をした期間
  5 （略）
④～⑧ （略）

（契約期間等）
第14条 労働契約は、期間の定めのないものを除き、一定の事業の完了に必要な期間を定めるもののほかは、３年（次の各号のいずれかに該当する労働契約にあつては、５年）を超える期間について締結してはならない。
  1 専門的な知識、技術又は経験（以下この号において「専門的知識等」という。）であつて高度のものとして厚生労働大臣が定める基準に該当する専門的知識等を有する労働者（当該高度の専門的知識等を必要とする業務に就く者に限る。）との間に締結される労働契約
  2 （略）
②・③ （略）

第32条の２ （略）
② 使用者は、厚生労働省令で定めるところにより、前項の協定を行政官庁に届け出なければならない。
第32条の３ 使用者は、就業規則その他これに準ずるものにより、その労働者に係る始業及び終業の時刻をその労働者の決定に<u>ゆだねる</u>こととした労働者については、当該事業場の労働者の過半数で組織する労働組合がある場合においてはその労働組合、労働者の過半数で組織する労働組合がない場合においては労働者の過半数を代表する者との書面による協定により、次に掲げる事項を定めたときは、その協定で第２号の清算期間として定められた期間を平均し１週間当たりの労働時間が第32条第１項の労働時間を超えない範囲内において、同条の規定にかかわらず、１週間において同項の労働時間又は１日において同条第２項の労働時間を超えて、労働させることができる。
  1 <u>この条</u>の規定による労働時間により労働させることができることとされる労働者の範囲
  2 清算期間（その期間を平均し１週間当たりの労

（下線部分は改正部分）

改正後	改正前
働時間が第32条第1項の労働時間を超えない範囲内において労働させる期間をいい、<u>3箇月以内</u>の期間に限るものとする。<u>以下この条及び次条において同じ。）</u> 　３　清算期間における総労働時間 　４　その他厚生労働省令で定める事項 <u>②　清算期間が１箇月を超えるものである場合における前項の規定の適用については、同項各号列記以外の部分中「労働時間を超えない」とあるのは「労働時間を超えず、かつ、当該清算期間をその開始の日以後１箇月ごとに区分した各期間（最後に１箇月未満の期間を生じたときは、当該期間。以下この項において同じ。）ごとに当該各期間を平均し１週間当たりの労働時間が50時間を超えない」と、「同項」とあるのは「同条第１項」とする。</u> <u>③　１週間の所定労働日数が５日の労働者について第１項の規定により労働させる場合における同項の規定の適用については、同項各号列記以外の部分（前項の規定により読み替えて適用する場合を含む。）中「第32条第１項の労働時間」とあるのは「第32条第１項の労働時間（当該事業場の労働者の過半数で組織する労働組合がある場合においてはその労働組合、労働者の過半数で組織する労働組合がない場合においては労働者の過半数を代表する者との書面による協定により、労働時間の限度について、当該清算期間における所定労働日数を同条第２項の労働時間に乗じて得た時間とする旨を定めたときは、当該清算期間における日数を７で除して得た数をもつてその時間を除して得た時間）」と、「同項」とあるのは「同条第１項」とする。</u> <u>④　前条第２項の規定は、第１項各号に掲げる事項を定めた協定について準用する。ただし、清算期間が１箇月以内のものであるときは、この限りでない。</u> <u>第32条の３の２</u>　<u>使用者が、清算期間が１箇月を超えるものであるときの当該清算期間中の前条第１項の規定により労働させた期間が当該清算期間より短い労働者について、当該労働させた期間を平均し１週間当たり40時間を超えて労働させた場合においては、その超えた時間（第33条又は第36条第１項の規定により延長し、又は休日に労働させた時間を除く。）の労働については、第37条の規定の例により割増賃金を支払わなければならない。</u> （時間外及び休日の労働） 第36条　使用者は、当該事業場に、労働者の過半数で組織する労働組合がある場合においてはその労働組合、労働者の過半数で組織する労働組合がない場合においては労働者の過半数を代表する者との書面による協定をし、<u>厚生労働省令で定めるところにより</u>これを行政官庁に届け出た場合においては、第32条から第32条の５まで若しくは第40条の労働時間（以下この条において「労働時間」という。）又は前条の休日（以下この条において「休日」という。）に関する規定にかかわらず、その協定で定めるところによつて労働時間を延長し、又は休日に労働させることができる。	働時間が第32条第1項の労働時間を超えない範囲内において労働させる期間をいい、<u>1箇月以内</u>の期間に限るものとする。<u>次号において同じ。）</u> 　３　清算期間における総労働時間 　４　その他厚生労働省令で定める事項 （新設） （新設） （新設） （新設） （時間外及び休日の労働） 第36条　使用者は、当該事業場に、労働者の過半数で組織する労働組合がある場合においてはその労働組合、労働者の過半数で組織する労働組合がない場合においては労働者の過半数を代表する者との書面による協定をし、これを行政官庁に届け出た場合においては、第32条から第32条の５まで若しくは第40条の労働時間（以下この条において「労働時間」という。）又は前条の休日（以下<u>この項</u>において「休日」という。）に関する規定にかかわらず、その協定で定めるところによつて労働時間を延長し、又は休日に労働させることができる。ただし、坑内労働その他厚生労働省令で定める健康上特に有害な業務の労

労働基準法

(下線部分は改正部分)

改正後	改正前
	働時間の延長は、1日について2時間を超えてはならない。
② 前項の協定においては、次に掲げる事項を定めるものとする。	(新設)
1　この条の規定により労働時間を延長し、又は休日に労働させることができることとされる労働者の範囲	
2　対象期間（この条の規定により労働時間を延長し、又は休日に労働させることができる期間をいい、1年間に限るものとする。第4号及び第6項第3号において同じ。）	
3　労働時間を延長し、又は休日に労働させることができる場合	
4　対象期間における1日、1箇月及び1年のそれぞれの期間について労働時間を延長して労働させることができる時間又は労働させることができる休日の日数	
5　労働時間の延長及び休日の労働を適正なものとするために必要な事項として厚生労働省令で定める事項	
③ 前項第4号の労働時間を延長して労働させることができる時間は、当該事業場の業務量、時間外労働の動向その他の事情を考慮して通常予見される時間外労働の範囲内において、限度時間を超えない時間に限る。	(新設)
④ 前項の限度時間は、1箇月について45時間及び1年について360時間（第32条の4第1項第2号の対象期間として3箇月を超える期間を定めて同条の規定により労働させる場合にあつては、1箇月について42時間及び1年について320時間）とする。	(新設)
⑤ 第1項の協定においては、第2項各号に掲げるもののほか、当該事業場における通常予見することのできない業務量の大幅な増加等に伴い臨時的に第3項の限度時間を超えて労働させる必要がある場合において、1箇月について労働時間を延長して労働させ、及び休日において労働させることができる時間（第2項第4号に関して協定した時間を含め100時間未満の範囲内に限る。）並びに1年について労働時間を延長して労働させることができる時間（同号に関して協定した時間を含め720時間を超えない範囲内に限る。）を定めることができる。この場合において、第1項の協定に、併せて第2項第2号の対象期間において労働時間を延長して労働させる時間が1箇月について45時間（第32条の4第1項第2号の対象期間として3箇月を超える期間を定めて同条の規定により労働させる場合にあつては、1箇月について42時間）を超えることができる月数（1年について6箇月以内に限る。）を定めなければならない。	(新設)
⑥ 使用者は、第1項の協定で定めるところによつて労働時間を延長して労働させ、又は休日において労働させる場合であつても、次の各号に掲げる時間について、当該各号に定める要件を満たすものとしなければならない。	(新設)
1　坑内労働その他厚生労働省令で定める健康上特に有害な業務について、1日について労働時間を	

(下線部分は改正部分)

改正後	改正前
延長して労働させた時間　2時間を超えないこと。 2　1箇月について労働時間を延長して労働させ、及び休日において労働させた時間　100時間未満であること。 3　対象期間の初日から1箇月ごとに区分した各期間に当該各期間の直前の1箇月、2箇月、3箇月、4箇月及び5箇月の期間を加えたそれぞれの期間における労働時間を延長して労働させ、及び休日において労働させた時間の1箇月当たりの平均時間　80時間を超えないこと。 ⑦　厚生労働大臣は、労働時間の延長及び休日の労働を適正なものとするため、第1項の協定で定める労働時間の延長及び休日の労働について留意すべき事項、当該労働時間の延長に係る割増賃金の率その他の必要な事項について、労働者の健康、福祉、時間外労働の動向その他の事情を考慮して指針を定めることができる。 ⑧　第1項の協定をする使用者及び労働組合又は労働者の過半数を代表する者は、当該協定で労働時間の延長及び休日の労働を定めるに当たり、当該協定の内容が前項の指針に適合したものとなるようにしなければならない。 ⑨　行政官庁は、第7項の指針に関し、第1項の協定をする使用者及び労働組合又は労働者の過半数を代表する者に対し、必要な助言及び指導を行うことができる。 ⑩　前項の助言及び指導を行うに当たつては、労働者の健康が確保されるよう特に配慮しなければならない。 ⑪　第3項から第5項まで及び第6項（第2号及び第3号に係る部分に限る。）の規定は、新たな技術、商品又は役務の研究開発に係る業務については適用しない。 第38条の4　賃金、労働時間その他の当該事業場における労働条件に関する事項を調査審議し、事業主に対し当該事項について意見を述べることを目的とする委員会（使用者及び当該事業場の労働者を代表する者を構成員とするものに限る。）が設置された事業場において、当該委員会がその委員の5分の4以上の多数による議決により次に掲げる事項に関する決議をし、かつ、使用者が、厚生労働省令で定めるところにより当該決議を行政官庁に届け出た場合において、第2号に掲げる労働者の範囲に属する労働者を当該事業場における第1号に掲げる業務に就かせたときは、当該労働者は、厚生労働省令で定めるところにより、第3号に掲げる時間労働したものとみなす。 1　事業の運営に関する事項についての企画、立案、調査及び分析の業務であつて、当該業務の性質上これを適切に遂行するにはその遂行の方法を大幅に労働者の裁量に委ねる必要があるため、当該業務の遂行の手段及び時間配分の決定等に関し使用者が具体的な指示をしないこととする業務（以下この条において「対象業務」という。）	②　厚生労働大臣は、労働時間の延長を適正なものとするため、前項の協定で定める労働時間の延長の限度、当該労働時間の延長に係る割増賃金の率その他の必要な事項について、労働者の福祉、時間外労働の動向その他の事情を考慮して基準を定めることができる。 ③　第1項の協定をする使用者及び労働組合又は労働者の過半数を代表する者は、当該協定で労働時間の延長を定めるに当たり、当該協定の内容が前項の基準に適合したものとなるようにしなければならない。 ④　行政官庁は、第2項の基準に関し、第1項の協定をする使用者及び労働組合又は労働者の過半数を代表する者に対し、必要な助言及び指導を行うことができる。 （新設） （新設） 第38条の4　賃金、労働時間その他の当該事業場における労働条件に関する事項を調査審議し、事業主に対し当該事項について意見を述べることを目的とする委員会（使用者及び当該事業場の労働者を代表する者を構成員とするものに限る。）が設置された事業場において、当該委員会がその委員の5分の4以上の多数による議決により次に掲げる事項に関する決議をし、かつ、使用者が、厚生労働省令で定めるところにより当該決議を行政官庁に届け出た場合において、第2号に掲げる労働者の範囲に属する労働者を当該事業場における第1号に掲げる業務に就かせたときは、当該労働者は、厚生労働省令で定めるところにより、第3号に掲げる時間労働したものとみなす。 1　事業の運営に関する事項についての企画、立案、調査及び分析の業務であつて、当該業務の性質上これを適切に遂行するにはその遂行の方法を大幅に労働者の裁量にゆだねる必要があるため、当該業務の遂行の手段及び時間配分の決定等に関し使用者が具体的な指示をしないこととする業務（以下この条において「対象業務」という。）

労働基準法

(下線部分は改正部分)

改正後	改正前
2～7　（略） ②～④　（略） ⑤　第1項の委員会においてその委員の5分の4以上の多数による議決により第32条の2第1項、<u>第32条の3第1項</u>、第32条の4第1項及び第2項、第32条の5第1項、第34条第2項ただし書、第36条第1項、<u>第2項及び第5項</u>、第37条第3項、第38条の2第2項、前条第1項並びに次条第4項、第6項及び<u>第9項</u>ただし書に規定する事項について決議が行われた場合における第32条の2第1項、<u>第32条の3第1項</u>、第32条の4第1項から第3項まで、第32条の5第1項、第34条第2項ただし書、第36条、第37条第3項、第38条の2第2項、前条第1項並びに次条第4項、第6項及び<u>第9項</u>ただし書の規定の適用については、第32条の2第1項中「協定」とあるのは「協定若しくは第38条の4第1項に規定する委員会の決議（第106条第1項を除き、以下「決議」という。）」と、<u>第32条の3第1項</u>、第32条の4第1項から第3項まで、第32条の5第1項、第34条第2項ただし書、<u>第36条第2項及び第5項から第7項まで</u>、第37条第3項、第38条の2第2項、前条第1項並びに次条第4項、第6項及び<u>第9項</u>ただし書中「協定」とあるのは「協定又は決議」と、第32条の4第2項中「同意を得て」とあるのは「同意を得て、又は決議に基づき」と、第36条第1項中「届け出た場合」とあるのは「届け出た場合又は決議を行政官庁に届け出た場合」と、「その協定」とあるのは「その協定又は決議」と、<u>同条第8項</u>中「又は労働者の過半数を代表する者」とあるのは「若しくは労働者の過半数を代表する者又は同項の決議をする委員」と、「当該協定」とあるのは「当該協定又は当該決議」と、<u>同条第9項</u>中「又は労働者の過半数を代表する者」とあるのは「若しくは労働者の過半数を代表する者又は同項の決議をする委員」とする。 （年次有給休暇） **第39条**　（略） ②～⑥　（略）	2～7　（略） ②　前項の委員会は、次の各号に適合するものでなければならない。 　1～3　（略） ③　厚生労働大臣は、対象業務に従事する労働者の適正な労働条件の確保を図るために、労働政策審議会の意見を聴いて、第1項各号に掲げる事項その他同項の委員会が決議する事項について指針を定め、これを公表するものとする。 ④　（略） ⑤　第1項の委員会においてその委員の5分の4以上の多数による議決により第32条の2第1項、<u>第32条の3</u>、第32条の4第1項及び第2項、第32条の5第1項、第34条第2項ただし書、第36条第1項、第37条第3項、第38条の2第2項、前条第1項並びに次条第4項、第6項及び<u>第7項</u>ただし書に規定する事項について決議が行われた場合における第32条の2第1項、<u>第32条の3</u>、第32条の4第1項から第3項まで、第32条の5第1項、第34条第2項ただし書、第36条、第37条第3項、第38条の2第2項、前条第1項並びに次条第4項、第6項及び<u>第7項</u>ただし書の規定の適用については、第32条の2第1項中「協定」とあるのは「協定若しくは第38条の4第1項に規定する委員会の決議（第106条第1項を除き、以下「決議」という。）」と、<u>第32条の3</u>、第32条の4第1項から第3項まで、第32条の5第1項、第34条第2項ただし書、第36条第2項、第37条第3項、第38条の2第2項、前条第1項並びに次条第4項、第6項及び<u>第7項</u>ただし書中「協定」とあるのは「協定又は決議」と、第32条の4第2項中「同意を得て」とあるのは「同意を得て、又は決議に基づき」と、第36条第1項中「届け出た場合」とあるのは「届け出た場合又は決議を行政官庁に届け出た場合」と、「その協定」とあるのは「その協定又は決議」と、同条第3項中「又は労働者の過半数を代表する者」とあるのは「若しくは労働者の過半数を代表する者又は同項の決議をする委員」と、「当該協定」とあるのは「当該協定又は当該決議」と、<u>同条第4項</u>中「又は労働者の過半数を代表する者」とあるのは「若しくは労働者の過半数を代表する者又は同項の決議をする委員」とする。 （年次有給休暇） **第39条**　使用者は、その雇入れの日から起算して6箇月間継続勤務し全労働日の8割以上出勤した労働者に対して、継続し、又は分割した10労働日の有給休暇を与えなければならない。 ②　使用者は、1年6箇月以上継続勤務した労働者に対しては、雇入れの日から起算して6箇月を超えて継続勤務する日（以下「6箇月経過日」という。）から起算した継続勤務年数1年ごとに、前項の日数に、次の表の上欄に掲げる6箇月経過日から起算した継続勤務年数の区分に応じ同表の下欄に掲げる労働日を加算した有給休暇を与えなければならない。ただし、継続勤務した期間を6箇月経過日から1年

（下線部分は改正部分）

改正後	改正前
	ごとに区分した各期間（最後に１年未満の期間を生じたときは、当該期間）の初日の前日の属する期間において出勤した日数が全労働日の８割未満である者に対しては、当該初日以後の１年間においては有給休暇を与えることを要しない。 | ６箇月経過日から起算した継続勤務年数 | 労働日 | | --- | --- | | １年 | １労働日 | | ２年 | ２労働日 | | ３年 | ４労働日 | | ４年 | ６労働日 | | ５年 | ８労働日 | | ６年以上 | 10労働日 | ③　次に掲げる労働者（１週間の所定労働時間が厚生労働省令で定める時間以上の者を除く。）の有給休暇の日数については、前２項の規定にかかわらず、これらの規定による有給休暇の日数を基準とし、通常の労働者の１週間の所定労働日数として厚生労働省令で定める日数（第１号において「通常の労働者の週所定労働日数」という。）と当該労働者の１週間の所定労働日数又は１週間当たりの平均所定労働日数との比率を考慮して厚生労働省令で定める日数とする。 　１　１週間の所定労働日数が通常の労働者の週所定労働日数に比し相当程度少ないものとして厚生労働省令で定める日数以下の労働者 　２　週以外の期間によつて所定労働日数が定められている労働者については、１年間の所定労働日数が、前号の厚生労働省令で定める日数に１日を加えた日数を１週間の所定労働日数とする労働者の１年間の所定労働日数その他の事情を考慮して厚生労働省令で定める日数以下の労働者 ④　使用者は、当該事業場に、労働者の過半数で組織する労働組合があるときはその労働組合、労働者の過半数で組織する労働組合がないときは労働者の過半数を代表する者との書面による協定により、次に掲げる事項を定めた場合において、第１号に掲げる労働者の範囲に属する労働者が有給休暇を時間を単位として請求したときは、前３項の規定による有給休暇の日数のうち第２号に掲げる日数については、これらの規定にかかわらず、当該協定で定めるところにより時間を単位として有給休暇を与えることができる。 　１　時間を単位として有給休暇を与えることができることとされる労働者の範囲 　２　時間を単位として与えることができることとされる有給休暇の日数（５日以内に限る。） 　３　その他厚生労働省令で定める事項 ⑤　使用者は、前各項の規定による有給休暇を労働者の請求する時季に与えなければならない。ただし、請求された時季に有給休暇を与えることが事業の正常な運営を妨げる場合においては、他の時季にこれを与えることができる。 ⑥　使用者は、当該事業場に、労働者の過半数で組織する労働組合がある場合においてはその労働組合、

労働基準法

（下線部分は改正部分）

改正後	改正前
	労働者の過半数で組織する労働組合がない場合においては労働者の過半数を代表する者との書面による協定により、第1項から第3項までの規定による有給休暇を与える時季に関する定めをしたときは、これらの規定による有給休暇の日数のうち5日を超える部分については、前項の規定にかかわらず、その定めにより有給休暇を与えることができる。
⑦　使用者は、第1項から第3項までの規定による有給休暇（これらの規定により使用者が与えなければならない有給休暇の日数が10労働日以上である労働者に係るものに限る。以下この項及び次項において同じ。）の日数のうち5日については、基準日（継続勤務した期間を6箇月経過日から1年ごとに区分した各期間（最後に1年未満の期間を生じたときは、当該期間）の初日をいう。以下この項において同じ。）から1年以内の期間に、労働者ごとにその時季を定めることにより与えなければならない。ただし、第1項から第3項までの規定による有給休暇を当該有給休暇に係る基準日より前の日から与えることとしたときは、厚生労働省令で定めるところにより、労働者ごとにその時季を定めることにより与えなければならない。	（新設）
⑧　前項の規定にかかわらず、第5項又は第6項の規定により第1項から第3項までの規定による有給休暇を与えた場合においては、当該与えた有給休暇の日数（当該日数が5日を超える場合には、5日とする。）分については、時季を定めることにより与えることを要しない。	（新設）
⑨　使用者は、第1項から第3項までの規定による有給休暇の期間又は第4項の規定による有給休暇の時間については、就業規則その他これに準ずるもので定めるところにより、それぞれ、平均賃金若しくは所定労働時間労働した場合に支払われる通常の賃金又はこれらの額を基準として厚生労働省令で定めるところにより算定した額の賃金を支払わなければならない。ただし、当該事業場に、労働者の過半数で組織する労働組合がある場合においてはその労働組合、労働者の過半数で組織する労働組合がない場合においては労働者の過半数を代表する者との書面による協定により、その期間又はその時間について、それぞれ、健康保険法（大正11年法律第70号）第40条第1項に規定する標準報酬月額の30分の1に相当する金額（その金額に、5円未満の端数があるときは、これを切り捨て、5円以上10円未満の端数があるときは、これを10円に切り上げるものとする。）又は当該金額を基準として厚生労働省令で定めるところにより算定した金額を支払う旨を定めたときは、これによらなければならない。	⑦　使用者は、第1項から第3項までの規定による有給休暇の期間又は第4項の規定による有給休暇の時間については、就業規則その他これに準ずるもので定めるところにより、それぞれ、平均賃金若しくは所定労働時間労働した場合に支払われる通常の賃金又はこれらの額を基準として厚生労働省令で定めるところにより算定した額の賃金を支払わなければならない。ただし、当該事業場に、労働者の過半数で組織する労働組合がある場合においてはその労働組合、労働者の過半数で組織する労働組合がない場合においては労働者の過半数を代表する者との書面による協定により、その期間又はその時間について、それぞれ、健康保険法（大正11年法律第70号）第40条第1項に規定する標準報酬月額の30分の1に相当する金額（その金額に、5円未満の端数があるときは、これを切り捨て、5円以上10円未満の端数があるときは、これを10円に切り上げるものとする。）又は当該金額を基準として厚生労働省令で定めるところにより算定した金額を支払う旨を定めたときは、これによらなければならない。
⑩　労働者が業務上負傷し、又は疾病にかかり療養のために休業した期間及び育児休業、介護休業等育児又は家族介護を行う労働者の福祉に関する法律第2条第1号に規定する育児休業又は同条第2号に規定する介護休業をした期間並びに産前産後の女性が第65条の規定によつて休業した期間は、第1項及び第2項の規定の適用については、これを出勤したもの	⑧　労働者が業務上負傷し、又は疾病にかかり療養のために休業した期間及び育児休業、介護休業等育児又は家族介護を行う労働者の福祉に関する法律第2条第1号に規定する育児休業又は同条第2号に規定する介護休業をした期間並びに産前産後の女性が第65条の規定によつて休業した期間は、第1項及び第2項の規定の適用については、これを出勤したもの

(下線部分は改正部分)

改正後	改正前
とみなす。 （労働時間等に関する規定の適用除外） 第41条　（略） <u>第41条の2　賃金、労働時間その他の当該事業場における労働条件に関する事項を調査審議し、事業主に対し当該事項について意見を述べることを目的とする委員会（使用者及び当該事業場の労働者を代表する者を構成員とするものに限る。）が設置された事業場において、当該委員会がその委員の5分の4以上の多数による議決により次に掲げる事項に関する決議をし、かつ、使用者が、厚生労働省令で定めるところにより当該決議を行政官庁に届け出た場合において、第2号に掲げる労働者の範囲に属する労働者（以下この項において「対象労働者」という。）であつて書面その他の厚生労働省令で定める方法によりその同意を得たものを当該事業場における第1号に掲げる業務に就かせたときは、この章で定める労働時間、休憩、休日及び深夜の割増賃金に関する規定は、対象労働者については適用しない。ただし、第3号から第5号までに規定する措置のいずれかを使用者が講じていない場合は、この限りでない。 1　高度の専門的知識等を必要とし、その性質上従事した時間と従事して得た成果との関連性が通常高くないと認められるものとして厚生労働省令で定める業務のうち、労働者に就かせることとする業務（以下この項において「対象業務」という。） 2　この項の規定により労働する期間において次のいずれにも該当する労働者であつて、対象業務に就かせようとするものの範囲 　イ　使用者との間の書面その他の厚生労働省令で定める方法による合意に基づき職務が明確に定められていること。 　ロ　労働契約により使用者から支払われると見込まれる賃金の額を1年間当たりの賃金の額に換算した額が基準年間平均給与額（厚生労働省において作成する毎月勤労統計における毎月きまつて支給する給与の額を基礎として厚生労働省令で定めるところにより算定した労働者1人当たりの給与の平均額をいう。）の3倍の額を相当程度上回る水準として厚生労働省令で定める額以上であること。 3　対象業務に従事する対象労働者の健康管理を行うために当該対象労働者が事業場内にいた時間（この項の委員会が厚生労働省令で定める労働時間以外の時間を除くことを決議したときは、当該決議に係る時間を除いた時間）と事業場外において労働した時間との合計の時間（第5号ロ及びニ並びに第6号において「健康管理時間」という。）を把握する措置（厚生労働省令で定める方法に限る。）を当該決議で定めるところにより使用者が講ずること。 4　対象業務に従事する対象労働者に対し、1年間を通じ104日以上、かつ、4週間を通じ4日以上の休日を当該決議及び就業規則その他これに準ず</u>	とみなす。 （労働時間等に関する規定の適用除外） 第41条　（略） （新設）

— 69 —

(下線部分は改正部分)

改正後

　るもので定めるところにより使用者が与えること。
5　対象業務に従事する対象労働者に対し、次のいずれかに該当する措置を当該決議及び就業規則その他これに準ずるもので定めるところにより使用者が講ずること。
　イ　労働者ごとに始業から24時間を経過するまでに厚生労働省令で定める時間以上の継続した休息時間を確保し、かつ、第37条第4項に規定する時刻の間において労働させる回数を1箇月について厚生労働省令で定める回数以内とすること。
　ロ　健康管理時間を1箇月又は3箇月についてそれぞれ厚生労働省令で定める時間を超えない範囲内とすること。
　ハ　1年に1回以上の継続した2週間（労働者が請求した場合においては、1年に2回以上の継続した1週間）（使用者が当該期間において、第39条の規定による有給休暇を与えたときは、当該有給休暇を与えた日を除く。）について、休日を与えること。
　ニ　健康管理時間の状況その他の事項が労働者の健康の保持を考慮して厚生労働省令で定める要件に該当する労働者に健康診断（厚生労働省令で定める項目を含むものに限る。）を実施すること。
6　対象業務に従事する対象労働者の健康管理時間の状況に応じた当該対象労働者の健康及び福祉を確保するための措置であつて、当該対象労働者に対する有給休暇（第39条の規定による有給休暇を除く。）の付与、健康診断の実施その他の厚生労働省令で定める措置のうち当該決議で定めるものを使用者が講ずること。
7　対象労働者のこの項の規定による同意の撤回に関する手続
8　対象業務に従事する対象労働者からの苦情の処理に関する措置を当該決議で定めるところにより使用者が講ずること。
9　使用者は、この項の規定による同意をしなかつた対象労働者に対して解雇その他不利益な取扱いをしてはならないこと。
10　前各号に掲げるもののほか、厚生労働省令で定める事項
②　前項の規定による届出をした使用者は、厚生労働省令で定めるところにより、同項第4号から第6号までに規定する措置の実施状況を行政官庁に報告しなければならない。
③　第38条の4第2項、第3項及び第5項の規定は、第1項の委員会について準用する。
④　第1項の決議をする委員は、当該決議の内容が前項において準用する第38条の4第3項の指針に適合したものとなるようにしなければならない。
⑤　行政官庁は、第3項において準用する第38条の4第3項の指針に関し、第1項の決議をする委員に対し、必要な助言及び指導を行うことができる。

改正前

(下線部分は改正部分)

改正後	改正前

改正後

（労働時間及び休日）
第60条　第32条の２から第32条の５まで、第36条、第40条及び第41条の２の規定は、満18才に満たない者については、これを適用しない。
②・③　（略）

（法令等の周知義務）
第106条　使用者は、この法律及びこれに基づく命令の要旨、就業規則、第18条第２項、第24条第１項ただし書、第32条の２第１項、第32条の３第１項、第32条の４第１項、第32条の５第１項、第34条第２項ただし書、第36条第１項、第37条第３項、第38条の２第２項、第38条の３第１項並びに第39条第４項、第６項及び第９項ただし書に規定する協定並びに第38条の４第１項及び同条第５項（第41条の２第３項において準用する場合を含む。）並びに第41条の２第１項に規定する決議を、常時各作業場の見やすい場所へ掲示し、又は備え付けること、書面を交付することその他の厚生労働省令で定める方法によつて、労働者に周知させなければならない。
②　（略）

（付加金の支払）
第114条　裁判所は、第20条、第26条若しくは第37条の規定に違反した使用者又は第39条第９項の規定による賃金を支払わなかつた使用者に対して、労働者の請求により、これらの規定により使用者が支払わなければならない金額についての未払金のほか、これと同一額の付加金の支払を命ずることができる。ただし、この請求は、違反のあつた時から２年以内にしなければならない。

第119条　次の各号のいずれかに該当する者は、６箇月以下の懲役又は30万円以下の罰金に処する。
１　第３条、第４条、第７条、第16条、第17条、第18条第１項、第19条、第20条、第22条第４項、第32条、第34条、第35条、第36条第６項、第37条、第39条（第７項を除く。）、第61条、第62条、第64条の３から第67条まで、第72条、第75条から第77条まで、第79条、第80条、第94条第２項、第96条又は第104条第２項の規定に違反した者
２〜４　（略）

第120条　次の各号のいずれかに該当する者は、30万円以下の罰金に処する。
１　第14条、第15条第１項若しくは第３項、第18条第７項、第22条第１項から第３項まで、第23条から第27条まで、第32条の２第２項（第32条の３第４項、第32条の４第４項及び第32条の５第３項において準用する場合を含む。）、第32条の５第２項、第33条第１項ただし書、第38条の２第３項（第38条の３第２項において準用する場合を含む。）、第39条第７項、第57条から第59条まで、第

改正前

（労働時間及び休日）
第60条　第32条の２から第32条の５まで、第36条及び第40条の規定は、満18才に満たない者については、これを適用しない。
②・③　（略）

（法令等の周知義務）
第106条　使用者は、この法律及びこれに基づく命令の要旨、就業規則、第18条第２項、第24条第１項ただし書、第32条の２第１項、第32条の３、第32条の４第１項、第32条の５第１項、第34条第２項ただし書、第36条第１項、第37条第３項、第38条の２第２項、第38条の３第１項並びに第39条第４項、第６項及び第７項ただし書に規定する協定並びに第38条の４第１項及び第５項に規定する決議を、常時各作業場の見やすい場所へ掲示し、又は備え付けること、書面を交付することその他の厚生労働省令で定める方法によつて、労働者に周知させなければならない。
②　（略）

（付加金の支払）
第114条　裁判所は、第20条、第26条若しくは第37条の規定に違反した使用者又は第39条第７項の規定による賃金を支払わなかつた使用者に対して、労働者の請求により、これらの規定により使用者が支払わなければならない金額についての未払金のほか、これと同一額の付加金の支払を命ずることができる。ただし、この請求は、違反のあつた時から２年以内にしなければならない。

第119条　次の各号の１に該当する者は、これを６箇月以下の懲役又は30万円以下の罰金に処する。
１　第３条、第４条、第７条、第16条、第17条、第18条第１項、第19条、第20条、第22条第４項、第32条、第34条、第35条、第36条第１項ただし書、第37条、第39条、第61条、第62条、第64条の３から第67条まで、第72条、第75条から第77条まで、第79条、第80条、第94条第２項、第96条又は第104条第２項の規定に違反した者
２　第33条第２項、第96条の２第２項又は第96条の３第１項の規定による命令に違反した者
３　第40条の規定に基づいて発する厚生労働省令に違反した者
４　第70条の規定に基づいて発する厚生労働省令（第62条又は第64条の３の規定に係る部分に限る。）に違反した者

第120条　次の各号の１に該当する者は、30万円以下の罰金に処する。
１　第14条、第15条第１項若しくは第３項、第18条第７項、第22条第１項から第３項まで、第23条から第27条まで、第32条の２第２項（第32条の４第４項及び第32条の５第３項において準用する場合を含む。）、第32条の５第２項、第33条第１項ただし書、第38条の２第３項（第38条の３第２項において準用する場合を含む。）、第57条から第59条まで、第64条、第68条、第89条、第90条第１項、第

— 71 —

労働基準法

（下線部分は改正部分）

改正後	改正前
64条、第68条、第89条、第90条第1項、第91条、第95条第1項若しくは第2項、第96条の2第1項、第105条（第100条第3項において準用する場合を含む。）又は第106条から第109条までの規定に違反した者 2～5　（略）	91条、第95条第1項若しくは第2項、第96条の2第1項、第105条（第100条第3項において準用する場合を含む。）又は第106条から第109条までの規定に違反した者 2　第70条の規定に基づいて発する厚生労働省令（第14条の規定に係る部分に限る。）に違反した者 3　第92条第2項又は第96条の3第2項の規定による命令に違反した者 4　第101条（第100条第3項において準用する場合を含む。）の規定による労働基準監督官又は女性主管局長若しくはその指定する所属官吏の臨検を拒み、妨げ、若しくは忌避し、その尋問に対して陳述をせず、若しくは虚偽の陳述をし、帳簿書類の提出をせず、又は虚偽の記載をした帳簿書類の提出をした者 5　第104条の2の規定による報告をせず、若しくは虚偽の報告をし、又は出頭しなかつた者
第138条　削除	第138条　中小事業主（その資本金の額又は出資の総額が3億円（小売業又はサービス業を主たる事業とする事業主については5千万円、卸売業を主たる事業とする事業主については1億円）以下である事業主及びその常時使用する労働者の数が300人（小売業を主たる事業とする事業主については50人、卸売業又はサービス業を主たる事業とする事業主については100人）以下である事業主をいう。）の事業については、当分の間、第37条第1項ただし書の規定は、適用しない。
第139条　工作物の建設の事業（災害時における復旧及び復興の事業に限る。）その他これに関連する事業として厚生労働省令で定める事業に関する第36条の規定の適用については、当分の間、同条第5項中「時間（第2項第4号に関して協定した時間を含め100時間未満の範囲内に限る。）」とあるのは「時間」と、「同号」とあるのは「第2項第4号」とし、同条第6項（第2号及び第3号に係る部分に限る。）の規定は適用しない。 ②　前項の規定にかかわらず、工作物の建設の事業その他これに関連する事業として厚生労働省令で定める事業については、平成36年3月31日（同日及びその翌日を含む期間を定めている第36条第1項の協定に関しては、当該協定に定める期間の初日から起算して1年を経過する日）までの間、同条第2項第4号中「1箇月及び」とあるのは、「1日を超え3箇月以内の範囲で前項の協定をする使用者及び労働組合若しくは労働者の過半数を代表する者が定める期間並びに」とし、同条第3項から第5項まで及び第6項（第2号及び第3号に係る部分に限る。）の規定は適用しない。	（新設）
第140条　一般乗用旅客自動車運送事業（道路運送法（昭和26年法律第183号）第3条第1号ハに規定する一般乗用旅客自動車運送事業をいう。）の業務、貨物自動車運送事業（貨物自動車運送事業法（平成元年法律第83号）第2条第1項に規定する貨物自動車運送事業をいう。）の業務その他の自動車の運転の	（新設）

（下線部分は改正部分）

改正後	改正前
業務として厚生労働省令で定める業務に関する第36条の規定の適用については、当分の間、同条第5項中「時間（第2項第4号に関して協定した時間を含め100時間未満の範囲内に限る。）並びに1年について労働時間を延長して労働させることができる時間（同号に関して協定した時間を含め720時間を超えない範囲内に限る。）を定めることができる。この場合において、第1項の協定に、併せて第2項第2号の対象期間において労働時間を延長して労働させる時間が1箇月について45時間（第32条の4第1項第2号の対象期間として3箇月を超える期間を定めて同条の規定により労働させる場合にあつては、1箇月について42時間）を超えることができる月数（1年について6箇月以内に限る。）を定めなければならない」とあるのは、「時間並びに1年について労働時間を延長して労働させることができる時間（第2項第4号に関して協定した時間を含め960時間を超えない範囲内に限る。）を定めることができる」とし、同条第6項（第2号及び第3号に係る部分に限る。）の規定は適用しない。	
②　前項の規定にかかわらず、同項に規定する業務については、平成36年3月31日（同日及びその翌日を含む期間を定めている第36条第1項の協定に関しては、当該協定に定める期間の初日から起算して1年を経過する日）までの間、同条第2項第4号中「1箇月及び」とあるのは、「1日を超え3箇月以内の範囲で前項の協定をする使用者及び労働組合若しくは労働者の過半数を代表する者が定める期間並びに」とし、同条第3項から第5項まで及び第6項（第2号及び第3号に係る部分に限る。）の規定は適用しない。	
第141条　医業に従事する医師（医療提供体制の確保に必要な者として厚生労働省令で定める者に限る。）に関する第36条の規定の適用については、当分の間、同条第2項第4号中「における1日、1箇月及び1年のそれぞれの期間について」とあるのは「における」とし、同条第3項中「限度時間」とあるのは「限度時間並びに労働者の健康及び福祉を勘案して厚生労働省令で定める時間」とし、同条第5項及び第6項（第2号及び第3号に係る部分に限る。）の規定は適用しない。	（新設）
②　前項の場合において、第36条第1項の協定に、同条第2項各号に掲げるもののほか、当該事業場における通常予見することのできない業務量の大幅な増加等に伴い臨時的に前項の規定により読み替えて適用する同条第3項の厚生労働省令で定める時間を超えて労働させる必要がある場合において、同条第2項第4号に関して協定した時間を超えて労働させることができる時間（同号に関して協定した時間を含め、同条第5項に定める時間及び月数並びに労働者の健康及び福祉を勘案して厚生労働省令で定める時間を超えない範囲内に限る。）その他厚生労働省令で定める事項を定めることができる。	
③　使用者は、第1項の場合において、第36条第1項の協定で定めるところによつて労働時間を延長して	

改正後	改正前
労働させ、又は休日において労働させる場合であつても、同条第6項に定める要件並びに労働者の健康及び福祉を勘案して厚生労働省令で定める時間を超えて労働させてはならない。 ④　前3項の規定にかかわらず、医業に従事する医師については、平成36年3月31日（同日及びその翌日を含む期間を定めている第36条第1項の協定に関しては、当該協定に定める期間の初日から起算して1年を経過する日）までの間、同条第2項第4号中「1箇月及び」とあるのは、「1日を超え3箇月以内の範囲で前項の協定をする使用者及び労働組合若しくは労働者の過半数を代表する者が定める期間並びに」とし、同条第3項から第5項まで及び第6項（第2号及び第3号に係る部分に限る。）の規定は適用しない。 ⑤　第3項の規定に違反した者は、6箇月以下の懲役又は30万円以下の罰金に処する。 **第142条**　鹿児島県及び沖縄県における砂糖を製造する事業に関する第36条の規定の適用については、平成36年3月31日（同日及びその翌日を含む期間を定めている同条第1項の協定に関しては、当該協定に定める期間の初日から起算して1年を経過する日）までの間、同条第5項中「時間（第2項第4号に関して協定した時間を含め100時間未満の範囲内に限る。）」とあるのは「時間」と、「同号」とあるのは「第2項第4号」とし、同条第6項（第2号及び第3号に係る部分に限る。）の規定は適用しない。	（新設）

じん肺法（昭和35年法律第30号）

（下線部分は改正部分）

改正後

（心身の状態に関する情報の取扱い）
第35条の3 事業者は、この法律又はこれに基づく命令の規定による措置の実施に関し、労働者の心身の状態に関する情報を収集し、保管し、又は使用するに当たつては、労働者の健康の確保に必要な範囲内で労働者の心身の状態に関する情報を収集し、並びに当該収集の目的の範囲内でこれを保管し、及び使用しなければならない。ただし、本人の同意がある場合その他正当な事由がある場合は、この限りでない。
2　事業者は、労働者の心身の状態に関する情報を適正に管理するために必要な措置を講じなければならない。
3　厚生労働大臣は、前2項の規定により事業者が講ずべき措置の適切かつ有効な実施を図るため必要な指針を公表するものとする。
4　厚生労働大臣は、前項の指針を公表した場合において必要があると認めるときは、事業者又はその団体に対し、当該指針に関し必要な指導等を行うことができる。

（じん肺健康診断に関する秘密の保持）
第35条の4 （略）

第45条　次の各号のいずれかに該当する者は、30万円以下の罰金に処する。
一　第6条、第7条、第8条第1項、第9条第1項、第12条、第13条第4項（第16条の2第2項において準用する場合を含む。）、第14条第2項（第16条第2項及び第16条の2第2項において準用する場合を含む。）、第14条第3項（第16条第2項及び第16条の2第2項において準用する場合を含む。）、第17条、第22条、第35条の2、第35条の4又は第43条の2第2項の規定に違反した者
二～四　（略）
五　第44条の規定による報告をせず、又は虚偽の報告をした者

改正前

（新設）

（じん肺健康診断に関する秘密の保持）
第35条の3　第7条から第9条の2まで及び第16条第1項のじん肺健康診断の実施の事務に従事した者は、その実施に関して知り得た労働者の心身の欠陥その他の秘密を漏らしてはならない。

第45条　次の各号の1に該当する者は、30万円以下の罰金に処する。
一　第6条、第7条、第8条第1項、第9条第1項、第12条、第13条第4項（第16条の2第2項において準用する場合を含む。）、第14条第2項（第16条第2項及び第16条の2第2項において準用する場合を含む。）、第14条第3項（第16条第2項及び第16条の2第2項において準用する場合を含む。）、第17条、第22条、第35条の2、第35条の3又は第43条の2第2項の規定に違反した者
二～四　（略）
五　第44条の規定による報告をせず、若しくは虚偽の報告をした者

雇用対策法（昭和41年法律第132号）
【労働施策の総合的な推進並びに労働者の雇用の安定及び職業生活の充実等に関する法律】

（下線部分は改正部分）

改正後

労働施策の総合的な推進並びに労働者の雇用の安定及び職業生活の充実等に関する法律
目次
　第1章　総則（第1条—第9条）
　第2章　基本方針（第10条—第10条の3）
　第3章　求職者及び求人者に対する指導等（第11条—第15条）
　第4章　職業訓練等の充実（第16条・第17条）
　第5章　職業転換給付金（第18条—第23条）
　第6章　事業主による再就職の援助を促進するための措置等（第24条—第27条）
　第7章　外国人の雇用管理の改善、再就職の促進等の措置（第28条—第30条）
　第8章　国と地方公共団体との連携等（第31条・第32条）
　第9章　雑則（第33条—第40条）
　附則

第1章　総則
（目的）
第1条　この法律は、国が、少子高齢化による人口構造の変化等の経済社会情勢の変化に対応して、労働に関し、その政策全般にわたり、必要な施策を総合的に講ずることにより、労働市場の機能が適切に発揮され、労働者の多様な事情に応じた雇用の安定及び職業生活の充実並びに労働生産性の向上を促進して、労働者がその有する能力を有効に発揮することができるようにし、これを通じて、労働者の職業の安定と経済的社会的地位の向上とを図るとともに、経済及び社会の発展並びに完全雇用の達成に資することを目的とする。
2　（略）
第2条　（略）
（基本的理念）
第3条　（略）
2　労働者は、職務の内容及び職務に必要な能力、経験その他の職務遂行上必要な事項（以下この項において「能力等」という。）の内容が明らかにされ、並びにこれらに即した評価方法により能力等を公正に評価され、当該評価に基づく処遇を受けることその他の適切な処遇を確保するための措置が効果的に実施されることにより、その職業の安定が図られるように配慮されるものとする。

（国の施策）
第4条　国は、第1条第1項の目的を達成するため、前条に規定する基本的理念に従つて、次に掲げる事項について、必要な施策を総合的に講じなければならない。
　一　各人が生活との調和を保ちつつその意欲及び能力に応じて就業することを促進するため、労働時間の短縮その他の労働条件の改善、多様な就業形態の普及及び雇用形態又は就業形態の異なる労働

改正前

雇用対策法
目次
　第1章　総則（第1条—第10条）
　第2章　求職者及び求人者に対する指導等（第11条—第15条）
　第3章　職業訓練等の充実（第16条・第17条）
　第4章　職業転換給付金（第18条—第23条）
　第5章　事業主による再就職の援助を促進するための措置等（第24条—第27条）
　第6章　外国人の雇用管理の改善、再就職の促進等の措置（第28条—第30条）
　第7章　国と地方公共団体との連携等（第31条・第32条）
　第8章　雑則（第33条—第40条）
　附則

第1章　総則
（目的）
第1条　この法律は、国が、少子高齢化による人口構造の変化等の経済社会情勢の変化に対応して、雇用に関し、その政策全般にわたり、必要な施策を総合的に講ずることにより、労働市場の機能が適切に発揮され、労働力の需給が質量両面にわたり均衡することを促進して、労働者がその有する能力を有効に発揮することができるようにし、これを通じて、労働者の職業の安定と経済的社会的地位の向上とを図るとともに、経済及び社会の発展並びに完全雇用の達成に資することを目的とする。
2　（略）
第2条　（略）
（基本的理念）
第3条　（略）
（新設）

（国の施策）
第4条　国は、第1条第1項の目的を達成するため、前条に規定する基本的理念に従つて、次に掲げる事項について、必要な施策を総合的に講じなければならない。
（新設）

（下線部分は改正部分）

改正後	改正前
者の間の均衡のとれた待遇の確保に関する施策を充実すること。	
二　各人がその有する能力に適合する職業に就くことをあつせんするため、及び産業の必要とする労働力を充足するため、職業指導及び職業紹介に関する施策を充実すること。	一　各人がその有する能力に適合する職業に就くことをあつせんするため、及び産業の必要とする労働力を充足するため、職業指導及び職業紹介に関する施策を充実すること。
三　各人がその有する能力に適し、かつ、技術の進歩、産業構造の変動等に即応した技能及びこれに関する知識を習得し、これらにふさわしい評価を受けることを促進するため、職業訓練及び職業能力検定に関する施策を充実すること。	二　各人がその有する能力に適し、かつ、技術の進歩、産業構造の変動等に即応した技能及びこれに関する知識を習得し、これらにふさわしい評価を受けることを促進するため、職業訓練及び職業能力検定に関する施策を充実すること。
四　就職が困難な者の就職を容易にし、かつ、労働力の需給の不均衡を是正するため、労働者の職業の転換、地域間の移動、職場への適応等を援助するために必要な施策を充実すること。	三　就職が困難な者の就職を容易にし、かつ、労働力の需給の不均衡を是正するため、労働者の職業の転換、地域間の移動、職場への適応等を援助するために必要な施策を充実すること。
五　事業規模の縮小等（事業規模若しくは事業活動の縮小又は事業の転換若しくは廃止をいう。以下同じ。）の際に、失業を予防するとともに、離職を余儀なくされる労働者の円滑な再就職を促進するために必要な施策を充実すること。	四　事業規模の縮小等（事業規模若しくは事業活動の縮小又は事業の転換若しくは廃止をいう。以下同じ。）の際に、失業を予防するとともに、離職を余儀なくされる労働者の円滑な再就職を促進するために必要な施策を充実すること。
六　女性の職業及び子の養育又は家族の介護を行う者の職業の安定を図るため、雇用の継続、円滑な再就職の促進、母子家庭の母及び父子家庭の父並びに寡婦の雇用の促進その他のこれらの者の就業を促進するために必要な施策を充実すること。	五　女性の職業の安定を図るため、妊娠、出産又は育児を理由として休業又は退職した女性の雇用の継続又は円滑な再就職の促進、母子家庭の母及び寡婦の雇用の促進その他の女性の就業を促進するために必要な施策を充実すること。
七　青少年の職業の安定を図るため、職業についての青少年の関心と理解を深めるとともに、雇用管理の改善の促進、実践的な職業能力の開発及び向上の促進その他の青少年の雇用を促進するために必要な施策を充実すること。	六　青少年の職業の安定を図るため、職業についての青少年の関心と理解を深めるとともに、雇用管理の改善の促進、実践的な職業能力の開発及び向上の促進その他の青少年の雇用を促進するために必要な施策を充実すること。
八　高年齢者の職業の安定を図るため、定年の引上げ、継続雇用制度の導入等の円滑な実施の促進、再就職の促進、多様な就業機会の確保その他の高年齢者がその年齢にかかわりなくその意欲及び能力に応じて就業することができるようにするために必要な施策を充実すること。	七　高年齢者の職業の安定を図るため、定年の引上げ、継続雇用制度の導入等の円滑な実施の促進、再就職の促進、多様な就業機会の確保その他の高年齢者がその年齢にかかわりなくその意欲及び能力に応じて就業することができるようにするために必要な施策を充実すること。
九　疾病、負傷その他の理由により治療を受ける者の職業の安定を図るため、雇用の継続、離職を余儀なくされる労働者の円滑な再就職の促進その他の治療の状況に応じた就業を促進するために必要な施策を充実すること。	（新設）
十　障害者の職業の安定を図るため、雇用の促進、職業リハビリテーションの推進その他の障害者がその職業生活において自立することを促進するために必要な施策を充実すること。	八　障害者の職業の安定を図るため、雇用の促進、職業リハビリテーションの推進その他の障害者がその職業生活において自立することを促進するために必要な施策を充実すること。
十一　不安定な雇用状態の是正を図るため、雇用形態及び就業形態の改善等を促進するために必要な施策を充実すること。	九　不安定な雇用状態の是正を図るため、雇用形態及び就業形態の改善等を促進するために必要な施策を充実すること。
十二　高度の専門的な知識又は技術を有する外国人（日本の国籍を有しない者をいう。以下この条において同じ。）の我が国における就業を促進するとともに、労働に従事することを目的として在留する外国人について、適切な雇用機会の確保が図られるようにするため、雇用管理の改善の促進及び離職した場合の再就職の促進を図るために必要	十　高度の専門的な知識又は技術を有する外国人（日本の国籍を有しない者をいう。以下この条において同じ。）の我が国における就業を促進するとともに、労働に従事することを目的として在留する外国人について、適切な雇用機会の確保が図られるようにするため、雇用管理の改善の促進及び離職した場合の再就職の促進を図るために必要

雇用対策法

（下線部分は改正部分）

改正後

な施策を充実すること。
十三　地域的な雇用構造の改善を図るため、雇用機会が不足している地域における労働者の雇用を促進するために必要な施策を充実すること。
十四　前各号に掲げるもののほか、職業の安定、産業の必要とする労働力の確保等に資する雇用管理の改善の促進その他労働者がその有する能力を有効に発揮することができるようにするために必要な施策を充実すること。
2　（略）
3　国は、第1項第十二号に規定する施策を講ずるに際しては、外国人の入国及び在留の管理に関する施策と相まって、外国人の不法就労活動（出入国管理及び難民認定法（昭和26年政令第319号）第24条第三号の4イに規定する不法就労活動をいう。）を防止し、労働力の不適正な供給が行われないようにすることにより、労働市場を通じた需給調整の機能が適切に発揮されるよう努めなければならない。
（地方公共団体の施策）
第5条　地方公共団体は、国の施策と相まって、当該地域の実情に応じ、労働に関する必要な施策を講ずるように努めなければならない。
（事業主の責務）
第6条　事業主は、その雇用する労働者の労働時間の短縮その他の労働条件の改善その他の労働者が生活との調和を保ちつつその意欲及び能力に応じて就業することができる環境の整備に努めなければならない。
2　事業主は、事業規模の縮小等に伴い離職を余儀なくされる労働者について、当該労働者が行う求職活動に対する援助その他の再就職の援助を行うことにより、その職業の安定を図るように努めなければならない。
（削る）
第7条～第9条　（略）
第2章　基本方針
（基本方針）
第10条　国は、労働者がその有する能力を有効に発揮することができるようにするために必要な労働に関する施策の総合的な推進に関する基本的な方針（以下「基本方針」という。）を定めなければならない。
2　基本方針に定める事項は、次のとおりとする。
一　労働者がその有する能力を有効に発揮することができるようにすることの意義に関する事項
二　第4条第1項各号に掲げる事項について講ずる施策に関する基本的事項
三　前二号に掲げるもののほか、労働者がその有する能力を有効に発揮することができるようにすることに関する重要事項
3　厚生労働大臣は、基本方針の案を作成し、閣議の決定を求めなければならない。
4　厚生労働大臣は、基本方針の案を作成しようとするときは、あらかじめ、都道府県知事の意見を求めるとともに、労働政策審議会の意見を聴かなければならない。

改正前

な施策を充実すること。
十一　地域的な雇用構造の改善を図るため、雇用機会が不足している地域における労働者の雇用を促進するために必要な施策を充実すること。
十二　前各号に掲げるもののほか、職業の安定、産業の必要とする労働力の確保等に資する雇用管理の改善の促進その他労働者がその有する能力を有効に発揮することができるようにするために必要な施策を充実すること。
2　（略）
3　国は、第1項第十号に規定する施策を講ずるに際しては、外国人の入国及び在留の管理に関する施策と相まって、外国人の不法就労活動（出入国管理及び難民認定法（昭和26年政令第319号）第24条第三号の4イに規定する不法就労活動をいう。）を防止し、労働力の不適正な供給が行われないようにすることにより、労働市場を通じた需給調整の機能が適切に発揮されるよう努めなければならない。
（地方公共団体の施策）
第5条　地方公共団体は、国の施策と相まって、当該地域の実情に応じ、雇用に関する必要な施策を講ずるように努めなければならない。
（事業主の責務）
第6条　（新設）

　　事業主は、事業規模の縮小等に伴い離職を余儀なくされる労働者について、当該労働者が行う求職活動に対する援助その他の再就職の援助を行うことにより、その職業の安定を図るように努めなければならない。
第7条　削除
第8条～第10条　（略）
（新設）

（新設）

(下線部分は改正部分)

改正後	改正前
5　厚生労働大臣は、第3項の規定による閣議の決定があつたときは、遅滞なく、基本方針を公表しなければならない。 6　厚生労働大臣は、基本方針の案を作成するため必要があると認めるときは、関係行政機関の長に対し、資料の提出その他必要な協力を求めることができる。 7　国は、労働に関する施策をめぐる経済社会情勢の変化を勘案し、基本方針に検討を加え、必要があると認めるときは、これを変更しなければならない。 8　第3項から第6項までの規定は、基本方針の変更について準用する。 （関係機関への要請） 第10条の2　厚生労働大臣は、必要があると認めるときは、関係行政機関の長に対し、基本方針において定められた施策で、関係行政機関の所管に係るものの実施について、必要な要請をすることができる。 （中小企業における取組の推進のための関係者間の連携体制の整備） 第10条の3　国は、労働時間の短縮その他の労働条件の改善、多様な就業形態の普及、雇用形態又は就業形態の異なる労働者の間の均衡のとれた待遇の確保その他の基本方針において定められた施策の実施に関し、中小企業における取組が円滑に進むよう、地方公共団体、中小企業者を構成員とする団体その他の事業主団体、労働者団体その他の関係者により構成される協議会の設置その他のこれらの者の間の連携体制の整備に必要な施策を講ずるように努めるものとする。	（新設） （新設）
第3章　求職者及び求人者に対する指導等 第11条～第15条　（略） 第4章　職業訓練等の充実 第16条・第17条　（略） 第5章　職業転換給付金 第18条～第23条　（略） 第6章　事業主による再就職の援助を促進するための措置等 第24条～第27条　（略） 第7章　外国人の雇用管理の改善、再就職の促進等の措置 第28条～第30条　（略） 第8章　国と地方公共団体との連携等 第31条・第32条　（略） 第9章　雑則 第33条～第37条　（略） （適用除外） 第38条　（略） 2　第6条から第9条まで及び第6章（第27条を除く。）の規定は、国家公務員及び地方公務員については、適用しない。 第39条・第40条　（略）	第2章　求職者及び求人者に対する指導等 第11条～第15条　（略） 第3章　職業訓練等の充実 第16条・第17条　（略） 第4章　職業転換給付金 第18条～第23条　（略） 第5章　事業主による再就職の援助を促進するための措置等 第24条～第27条　（略） 第6章　外国人の雇用管理の改善、再就職の促進等の措置 第28条～第30条　（略） 第7章　国と地方公共団体との連携等 第31条・第32条　（略） 第8章　雑則 第33条～第37条　（略） （適用除外） 第38条　（略） 2　第6条から第10条まで及び第5章（第27条を除く。）の規定は、国家公務員及び地方公務員については、適用しない。 第39条・第40条　（略）

労働安全衛生法(昭和47年法律第57号)

(下線部分は改正部分)

改正後	改正前
目次 　第1章～第10章　(略) 　第11章　雑則(第101条―第115条の2) 　第12章　罰則(第115条の3―第123条) 　附則 (産業医等) 第13条　(略) 2　(略) 3　産業医は、労働者の健康管理等を行うのに必要な医学に関する知識に基づいて、誠実にその職務を行わなければならない。 4　産業医を選任した事業者は、産業医に対し、厚生労働省令で定めるところにより、労働者の労働時間に関する情報その他の産業医が労働者の健康管理等を適切に行うために必要な情報として厚生労働省令で定めるものを提供しなければならない。 5　産業医は、労働者の健康を確保するため必要があると認めるときは、事業者に対し、労働者の健康管理等について必要な勧告をすることができる。この場合において、事業者は、当該勧告を尊重しなければならない。	目次 　第1章　総則(第1条―第5条) 　第2章　労働災害防止計画(第6条―第9条) 　第3章　安全衛生管理体制(第10条―第19条の3) 　第4章　労働者の危険又は健康障害を防止するための措置(第20条―第36条) 　第5章　機械等並びに危険物及び有害物に関する規制 　　第1節　機械等に関する規制(第37条―第54条の6) 　　第2節　危険物及び有害物に関する規制(第55条―第58条) 　第6章　労働者の就業に当たつての措置(第59条―第63条) 　第7章　健康の保持増進のための措置(第64条―第71条) 　第7章の2　快適な職場環境の形成のための措置(第71条の2―第71条の4) 　第8章　免許等(第72条―第77条) 　第9章　事業場の安全又は衛生に関する改善措置等 　　第1節　特別安全衛生改善計画及び安全衛生改善計画(第78条―第80条) 　　第2節　労働安全コンサルタント及び労働衛生コンサルタント(第81条―第87条) 　第10章　監督等(第88条―第100条) 　第11章　雑則(第101条―第115条) 　第12章　罰則(第115条の2―第123条) 　附則 (産業医等) 第13条　事業者は、政令で定める規模の事業場ごとに、厚生労働省令で定めるところにより、医師のうちから産業医を選任し、その者に労働者の健康管理その他の厚生労働省令で定める事項(以下「労働者の健康管理等」という。)を行わせなければならない。 2　産業医は、労働者の健康管理等を行うのに必要な医学に関する知識について厚生労働省令で定める要件を備えた者でなければならない。 (新設) (新設) 3　産業医は、労働者の健康を確保するため必要があると認めるときは、事業者に対し、労働者の健康管理等について必要な勧告をすることができる。

（下線部分は改正部分）

改正後	改正前
6　事業者は、前項の勧告を受けたときは、厚生労働省令で定めるところにより、当該勧告の内容その他の厚生労働省令で定める事項を衛生委員会又は安全衛生委員会に報告しなければならない。 第13条の2　（略） 2　前条第4項の規定は、前項に規定する者に労働者の健康管理等の全部又は一部を行わせる事業者について準用する。この場合において、同条第4項中「提供しなければ」とあるのは、「提供するように努めなければ」と読み替えるものとする。 第13条の3　事業者は、産業医又は前条第1項に規定する者による労働者の健康管理等の適切な実施を図るため、産業医又は同項に規定する者が労働者からの健康相談に応じ、適切に対応するために必要な体制の整備その他の必要な措置を講ずるように努めなければならない。 （国の援助） 第19条の3　国は、第13条の2第1項の事業場の労働者の健康の確保に資するため、労働者の健康管理等に関する相談、情報の提供その他の必要な援助を行うように努めるものとする。 （健康診断実施後の措置） 第66条の5　事業者は、前条の規定による医師又は歯科医師の意見を勘案し、その必要があると認めるときは、当該労働者の実情を考慮して、就業場所の変更、作業の転換、労働時間の短縮、深夜業の回数の減少等の措置を講ずるほか、作業環境測定の実施、施設又は設備の設置又は整備、当該医師又は歯科医師の意見の衛生委員会若しくは安全衛生委員会又は労働時間等設定改善委員会（労働時間等の設定の改善に関する特別措置法（平成4年法律第90号）第7条に規定する労働時間等設定改善委員会をいう。以下同じ。）への報告その他の適切な措置を講じなければならない。 2・3　（略） （面接指導等） 第66条の8　事業者は、その労働時間の状況その他の事項が労働者の健康の保持を考慮して厚生労働省令で定める要件に該当する労働者（次条第1項に規定する者及び第66条の8の4第1項に規定する者を除く。以下この条において同じ。）に対し、厚生労働省令で定めるところにより、医師による面接指導（問診その他の方法により心身の状況を把握し、これに応じて面接により必要な指導を行うことをいう。以下同じ。）を行わなければならない。 2～5　（略） 第66条の8の2　事業者は、その労働時間が労働者の健康の保持を考慮して厚生労働省令で定める時間を超える労働者（労働基準法第36条第11項に規定する業務に従事する者（同法第41条各号に掲げる者及び第66条の8の4第1項に規定する者を除く。）に限	4　事業者は、前項の勧告を受けたときは、これを尊重しなければならない。 第13条の2　事業者は、前条第1項の事業場以外の事業場については、労働者の健康管理等を行うのに必要な医学に関する知識を有する医師その他厚生労働省令で定める者に労働者の健康管理等の全部又は一部を行わせるように努めなければならない。 （新設） （新設） （国の援助） 第19条の3　国は、第13条の2の事業場の労働者の健康の確保に資するため、労働者の健康管理等に関する相談、情報の提供その他の必要な援助を行うように努めるものとする。 （健康診断実施後の措置） 第66条の5　事業者は、前条の規定による医師又は歯科医師の意見を勘案し、その必要があると認めるときは、当該労働者の実情を考慮して、就業場所の変更、作業の転換、労働時間の短縮、深夜業の回数の減少等の措置を講ずるほか、作業環境測定の実施、施設又は設備の設置又は整備、当該医師又は歯科医師の意見の衛生委員会若しくは安全衛生委員会又は労働時間等設定改善委員会（労働時間等の設定の改善に関する特別措置法（平成4年法律第90号）第7条第1項に規定する労働時間等設定改善委員会をいう。以下同じ。）への報告その他の適切な措置を講じなければならない。 2・3　（略） （面接指導等） 第66条の8　事業者は、その労働時間の状況その他の事項が労働者の健康の保持を考慮して厚生労働省令で定める要件に該当する労働者に対し、厚生労働省令で定めるところにより、医師による面接指導（問診その他の方法により心身の状況を把握し、これに応じて面接により必要な指導を行うことをいう。以下同じ。）を行わなければならない。 2～5　（略） （新設）

改正後	改正前
る。）に対し、厚生労働省令で定めるところにより、医師による面接指導を行わなければならない。 2　前条第2項から第5項までの規定は、前項の事業者及び労働者について準用する。この場合において、同条第5項中「作業の転換」とあるのは、「職務内容の変更、有給休暇（労働基準法第39条の規定による有給休暇を除く。）の付与」と読み替えるものとする。 **第66条の8の3**　事業者は、第66条の8第1項又は前条第1項の規定による面接指導を実施するため、厚生労働省令で定める方法により、労働者（次条第1項に規定する者を除く。）の労働時間の状況を把握しなければならない。 **第66条の8の4**　事業者は、労働基準法第41条の2第1項の規定により労働する労働者であつて、その健康管理時間（同項第3号に規定する健康管理時間をいう。）が当該労働者の健康の保持を考慮して厚生労働省令で定める時間を超えるものに対し、厚生労働省令で定めるところにより、医師による面接指導を行わなければならない。 2　第66条の8第2項から第5項までの規定は、前項の事業者及び労働者について準用する。この場合において、同条第5項中「就業場所の変更、作業の転換、労働時間の短縮、深夜業の回数の減少等」とあるのは、「職務内容の変更、有給休暇（労働基準法第39条の規定による有給休暇を除く。）の付与、健康管理時間（第66条の8の4第1項に規定する健康管理時間をいう。）が短縮されるための配慮等」と読み替えるものとする。 **第66条の9**　事業者は、第66条の8第1項、第66条の8の2第1項又は前条第1項の規定により面接指導を行う労働者以外の労働者であつて健康への配慮が必要なものについては、厚生労働省令で定めるところにより、必要な措置を講ずるように努めなければならない。 **第11章　雑則** （法令等の周知） **第101条**　（略） 2　産業医を選任した事業者は、その事業場における産業医の業務の内容その他の産業医の業務に関する事項で厚生労働省令で定めるものを、常時各作業場の見やすい場所に掲示し、又は備え付けることその他の厚生労働省令で定める方法により、労働者に周知させなければならない。 3　前項の規定は、第13条の2第1項に規定する者に労働者の健康管理等の全部又は一部を行わせる事業者について準用する。この場合において、前項中「周知させなければ」とあるのは、「周知させるように努めなければ」と読み替えるものとする。 4　（略）	（新設） （新設） **第66条の9**　事業者は、前条第1項の規定により面接指導を行う労働者以外の労働者であつて健康への配慮が必要なものについては、厚生労働省令で定めるところにより、必要な措置を講ずるように努めなければならない。 **第11章　雑則** （法令等の周知） **第101条**　事業者は、この法律及びこれに基づく命令の要旨を常時各作業場の見やすい場所に掲示し、又は備え付けることその他の厚生労働省令で定める方法により、労働者に周知させなければならない。 （新設） （新設） 2　事業者は、第57条の2第1項又は第2項の規定により通知された事項を、化学物質、化学物質を含有する製剤その他の物で当該通知された事項に係るも

(下線部分は改正部分)

改正後	改正前
(心身の状態に関する情報の取扱い) 第104条　事業者は、この法律又はこれに基づく命令の規定による措置の実施に関し、労働者の心身の状態に関する情報を収集し、保管し、又は使用するに当たつては、労働者の健康の確保に必要な範囲内で労働者の心身の状態に関する情報を収集し、並びに当該収集の目的の範囲内でこれを保管し、及び使用しなければならない。ただし、本人の同意がある場合その他正当な事由がある場合は、この限りでない。 2　事業者は、労働者の心身の状態に関する情報を適正に管理するために必要な措置を講じなければならない。 3　厚生労働大臣は、前2項の規定により事業者が講ずべき措置の適切かつ有効な実施を図るため必要な指針を公表するものとする。 4　厚生労働大臣は、前項の指針を公表した場合において必要があると認めるときは、事業者又はその団体に対し、当該指針に関し必要な指導等を行うことができる。 (健康診断等に関する秘密の保持) 第105条　第65条の2第1項及び第66条第1項から第4項までの規定による健康診断、第66条の8第1項、第66条の8の2第1項及び第66条の8の4第1項の規定による面接指導、第66条の10第1項の規定による検査又は同条第3項の規定による面接指導の実施の事務に従事した者は、その実施に関して知り得た労働者の秘密を漏らしてはならない。 (削る) (厚生労働省令への委任) 第115条の2　この法律に定めるもののほか、この法律の規定の実施に関し必要な事項は、厚生労働省令で定める。 第12章　罰則 第115条の3　(略) 第115条の4　(略) 第115条の5　第115条の3第1項から第3項までの罪は、刑法第4条の例に従う。 第119条　次の各号のいずれかに該当する者は、6月以下の懲役又は50万円以下の罰金に処する。 一　第14条、第20条から第25条まで、第25条の2第1項、第30条の3第1項若しくは第4項、第31条第1項、第31条の2、第33条第1項若しくは第2項、第34条、第35条、第38条第1項、第40条第1項、第42条、第43条、第44条第6項、第44条の2第7項、第56条第3項若しくは第4項、第57条の4第5項、第57条の5第5項、第59条第3項、第61条第1項、第65条第1項、第65条の4、第68条、第89条第5項(第89条の2第2項において準用する場合を含む。)、第97条第2項、第105条又は第108条の2第4項の規定に違反した者	のを取り扱う各作業場の見やすい場所に常時掲示し、又は備え付けることその他の厚生労働省令で定める方法により、当該物を取り扱う労働者に周知させなければならない。 (新設) (健康診断等に関する秘密の保持) 第104条　第65条の2第1項及び第66条第1項から第4項までの規定による健康診断、第66条の8第1項の規定による面接指導、第66条の10第1項の規定による検査又は同条第3項の規定による面接指導の実施の事務に従事した者は、その実施に関して知り得た労働者の秘密を漏らしてはならない。 第105条　削除 (新設) 第12章　罰則 第115条の2　(略) 第115条の3　(略) 第115条の4　第115条の2第1項から第3項までの罪は、刑法第4条の例に従う。 第119条　次の各号のいずれかに該当する者は、6月以下の懲役又は50万円以下の罰金に処する。 一　第14条、第20条から第25条まで、第25条の2第1項、第30条の3第1項若しくは第4項、第31条第1項、第31条の2、第33条第1項若しくは第2項、第34条、第35条、第38条第1項、第40条第1項、第42条、第43条、第44条第6項、第44条の2第7項、第56条第3項若しくは第4項、第57条の4第5項、第57条の5第5項、第59条第3項、第61条第1項、第65条第1項、第65条の4、第68条、第89条第5項(第89条の2第2項において準用する場合を含む。)、第97条第2項、第104条又は第108条の2第4項の規定に違反した者

— 83 —

(下線部分は改正部分)

改正後	改正前
二～四　（略） **第120条**　次の各号のいずれかに該当する者は、50万円以下の罰金に処する。 　一　第10条第1項、第11条第1項、第12条第1項、第13条第1項、第15条第1項、第3項若しくは第4項、第15条の2第1項、第16条第1項、第17条第1項、第18条第1項、第25条の2第2項（第30条の3第5項において準用する場合を含む。）、第26条、第30条第1項若しくは第4項、第30条の2第1項若しくは第4項、第32条第1項から第6項まで、第33条第3項、第40条第2項、第44条第5項、第44条の2第6項、第45条第1項若しくは第2項、第57条の4第1項、第59条第1項（同条第2項において準用する場合を含む。）、第61条第2項、第66条第1項から第3項まで、第66条の3、第66条の6、<u>第66条の8の2第1項、第66条の8の4第1項</u>、第87条第6項、第88条第1項から第4項まで、第101条第1項又は第103条第1項の規定に違反した者 二～六　（略）	二～四　（略） **第120条**　次の各号のいずれかに該当する者は、50万円以下の罰金に処する。 　一　第10条第1項、第11条第1項、第12条第1項、第13条第1項、第15条第1項、第3項若しくは第4項、第15条の2第1項、第16条第1項、第17条第1項、第18条第1項、第25条の2第2項（第30条の3第5項において準用する場合を含む。）、第26条、第30条第1項若しくは第4項、第30条の2第1項若しくは第4項、第32条第1項から第6項まで、第33条第3項、第40条第2項、第44条第5項、第44条の2第6項、第45条第1項若しくは第2項、第57条の4第1項、第59条第1項（同条第2項において準用する場合を含む。）、第61条第2項、第66条第1項から第3項まで、第66条の3、第66条の6、第87条第6項、第88条第1項から第4項まで、第101条第1項又は第103条第1項の規定に違反した者 二～六　（略）

労働者派遣事業の適正な運営の確保及び派遣労働者の保護等に関する法律
（昭和60年法律第88号）

（下線部分は改正部分）

改正後	改正前
目次 　第1章　総則（第1条―第3条） 　第2章　労働者派遣事業の適正な運営の確保に関する措置 　　第1節　業務の範囲（第4条） 　　第2節　事業の許可（第5条―第22条） 　　第3節　補則（第23条―第25条） 　第3章　派遣労働者の保護等に関する措置 　　第1節　労働者派遣契約（第26条―第29条の2） 　　第2節　派遣元事業主の講ずべき措置等（第30条―第38条） 　　第3節　派遣先の講ずべき措置等（第39条―第43条） 　　第4節　労働基準法等の適用に関する特例等（第44条―第47条の3） 　<u>第4章　紛争の解決</u> 　　<u>第1節　紛争の解決の援助等（第47条の4―第47条の6）</u> 　　<u>第2節　調停（第47条の7―第47条の9）</u> 　<u>第5章</u>　雑則（<u>第47条の10</u>―第57条） 　<u>第6章</u>　罰則（第58条―第62条） 　附則	目次 　第1章　総則（第1条―第3条） 　第2章　労働者派遣事業の適正な運営の確保に関する措置 　　第1節　業務の範囲（第4条） 　　第2節　事業の許可（第5条―第22条） 　　第3節　補則（第23条―第25条） 　第3章　派遣労働者の保護等に関する措置 　　第1節　労働者派遣契約（第26条―第29条の2） 　　第2節　派遣元事業主の講ずべき措置等（第30条―第38条） 　　第3節　派遣先の講ずべき措置等（第39条―第43条） 　　第4節　労働基準法等の適用に関する特例等（第44条―第47条の3） 　第4章　<u>雑則（第47条の4―第57条）</u> 　第5章　罰則（第58条―第62条） 　附則
第3章　派遣労働者の保護等に関する措置 　第1節　労働者派遣契約 （契約の内容等） 第26条　（略）	第3章　派遣労働者の保護等に関する措置 　第1節　労働者派遣契約 （契約の内容等） 第26条　労働者派遣契約（当事者の一方が相手方に対し労働者派遣をすることを約する契約をいう。以下同じ。）の当事者は、厚生労働省令で定めるところにより、当該労働者派遣契約の締結に際し、次に掲げる事項を定めるとともに、その内容の差異に応じて派遣労働者の人数を定めなければならない。 　一～十　（略）
2・3　（略）	2・3　（略）
4　派遣元事業主から新たな労働者派遣契約に基づく労働者派遣（第40条の2第1項各号のいずれかに該当するものを除く。次項において同じ。）の役務の提供を受けようとする者は、第1項の規定により当該労働者派遣契約を締結するに<u>当たつては</u>、あらかじめ、当該派遣元事業主に対し、当該労働者派遣の役務の提供が開始される日以後当該労働者派遣の役務の提供を受けようとする者の事業所その他派遣就業の場所の業務について同条第1項の規定に抵触することとなる最初の日を通知しなければならない。	4　派遣元事業主から新たな労働者派遣契約に基づく労働者派遣（第40条の2第1項各号のいずれかに該当するものを除く。次項において同じ。）の役務の提供を受けようとする者は、第1項の規定により当該労働者派遣契約を締結するに<u>当たり</u>、あらかじめ、当該派遣元事業主に対し、当該労働者派遣の役務の提供が開始される日以後当該労働者派遣の役務の提供を受けようとする者の事業所その他派遣就業の場所の業務について同条第1項の規定に抵触することとなる最初の日を通知しなければならない。
5・6　（略）	5・6　（略）
<u>7　労働者派遣の役務の提供を受けようとする者は、第1項の規定により労働者派遣契約を締結するに当たつては、あらかじめ、派遣元事業主に対し、厚生労働省令で定めるところにより、当該労働者派遣に係る派遣労働者が従事する業務ごとに、比較対象労働者の賃金その他の待遇に関する情報その他の厚生労働省令で定める情報を提供しなければならない。</u>	（新設）

改正後	改正前
8　前項の「比較対象労働者」とは、当該労働者派遣の役務の提供を受けようとする者に雇用される通常の労働者であつて、その業務の内容及び当該業務に伴う責任の程度（以下「職務の内容」という。）並びに当該職務の内容及び配置の変更の範囲が、当該労働者派遣に係る派遣労働者と同一であると見込まれるものその他の当該派遣労働者と待遇を比較すべき労働者として厚生労働省令で定めるものをいう。	（新設）
9　派遣元事業主は、労働者派遣の役務の提供を受けようとする者から第７項の規定による情報の提供がないときは、当該者との間で、当該労働者派遣に係る派遣労働者が従事する業務に係る労働者派遣契約を締結してはならない。	（新設）
10　派遣先は、第７項の情報に変更があつたときは、遅滞なく、厚生労働省令で定めるところにより、派遣元事業主に対し、当該変更の内容に関する情報を提供しなければならない。	（新設）
11　労働者派遣の役務の提供を受けようとする者及び派遣先は、当該労働者派遣に関する料金の額について、派遣元事業主が、第30条の４第１項の協定に係る労働者派遣以外の労働者派遣にあつては第30条の３の規定、同項の協定に係る労働者派遣にあつては同項第二号から第五号までに掲げる事項に関する協定の定めを遵守することができるものとなるように配慮しなければならない。	（新設）
第２節　派遣元事業主の講ずべき措置等 （不合理な待遇の禁止等） **第30条の３**　派遣元事業主は、その雇用する派遣労働者の基本給、賞与その他の待遇のそれぞれについて、当該待遇に対応する派遣先に雇用される通常の労働者の待遇との間において、当該派遣労働者及び通常の労働者の職務の内容、当該職務の内容及び配置の変更の範囲その他の事情のうち、当該待遇の性質及び当該待遇を行う目的に照らして適切と認められるものを考慮して、不合理と認められる相違を設けてはならない。	**第２節　派遣元事業主の講ずべき措置等** （均衡を考慮した待遇の確保） **第30条の３**　派遣元事業主は、その雇用する派遣労働者の従事する業務と同種の業務に従事する派遣先に雇用される労働者の賃金水準との均衡を考慮しつつ、当該派遣労働者の従事する業務と同種の業務に従事する一般の労働者の賃金水準又は当該派遣労働者の職務の内容、職務の成果、意欲、能力若しくは経験等を勘案し、当該派遣労働者の賃金を決定するように配慮しなければならない。
2　派遣元事業主は、職務の内容が派遣先に雇用される通常の労働者と同一の派遣労働者であつて、当該労働者派遣契約及び当該派遣先における慣行その他の事情からみて、当該派遣先における派遣就業が終了するまでの全期間において、その職務の内容及び配置が当該派遣先との雇用関係が終了するまでの全期間における当該通常の労働者の職務の内容及び配置の変更の範囲と同一の範囲で変更されることが見込まれるものについては、正当な理由がなく、基本給、賞与その他の待遇のそれぞれについて、当該待遇に対応する当該通常の労働者の待遇に比して不利なものとしてはならない。	2　派遣元事業主は、その雇用する派遣労働者の従事する業務と同種の業務に従事する派遣先に雇用される労働者との均衡を考慮しつつ、当該派遣労働者について、教育訓練及び福利厚生の実施その他当該派遣労働者の円滑な派遣就業の確保のために必要な措置を講ずるように配慮しなければならない。
第30条の４　派遣元事業主は、厚生労働省令で定めるところにより、労働者の過半数で組織する労働組合がある場合においてはその労働組合、労働者の過半数で組織する労働組合がない場合においては労働者の過半数を代表する者との書面による協定により、その雇用する派遣労働者の待遇（第40条第２項の教育訓練、同条第３項の福利厚生施設その他の厚生労	（新設）

（下線部分は改正部分）

改正後

働省令で定めるものに係るものを除く。以下この項において同じ。）について、次に掲げる事項を定めたときは、前条の規定は、第一号に掲げる範囲に属する派遣労働者の待遇については適用しない。ただし、第二号、第四号若しくは第五号に掲げる事項であつて当該協定で定めたものを遵守していない場合又は第三号に関する当該協定の定めによる公正な評価に取り組んでいない場合は、この限りでない。

一　その待遇が当該協定で定めるところによることとされる派遣労働者の範囲

二　前号に掲げる範囲に属する派遣労働者の賃金の決定の方法（次のイ及びロ（通勤手当その他の厚生労働省令で定めるものにあつては、イ）に該当するものに限る。）

　イ　派遣労働者が従事する業務と同種の業務に従事する一般の労働者の平均的な賃金の額として厚生労働省令で定めるものと同等以上の賃金の額となるものであること。

　ロ　派遣労働者の職務の内容、職務の成果、意欲、能力又は経験その他の就業の実態に関する事項の向上があつた場合に賃金が改善されるものであること。

三　派遣元事業主は、前号に掲げる賃金の決定の方法により賃金を決定するに当たつては、派遣労働者の職務の内容、職務の成果、意欲、能力又は経験その他の就業の実態に関する事項を公正に評価し、その賃金を決定すること。

四　第一号に掲げる範囲に属する派遣労働者の待遇（賃金を除く。以下この号において同じ。）の決定の方法（派遣労働者の待遇のそれぞれについて、当該待遇に対応する派遣元事業主に雇用される通常の労働者（派遣労働者を除く。）の待遇との間において、当該派遣労働者及び通常の労働者の職務の内容、当該職務の内容及び配置の変更の範囲その他の事情のうち、当該待遇の性質及び当該待遇を行う目的に照らして適切と認められるものを考慮して、不合理と認められる相違が生じることとならないものに限る。）

五　派遣元事業主は、第一号に掲げる範囲に属する派遣労働者に対して第30条の２第１項の規定による教育訓練を実施すること。

六　前各号に掲げるもののほか、厚生労働省令で定める事項

２　前項の協定を締結した派遣元事業主は、厚生労働省令で定めるところにより、当該協定をその雇用する労働者に周知しなければならない。

（職務の内容等を勘案した賃金の決定）
第30条の５　派遣元事業主は、派遣先に雇用される通常の労働者との均衡を考慮しつつ、その雇用する派遣労働者（第30条の３第２項の派遣労働者及び前条第１項の協定で定めるところによる待遇とされる派遣労働者（以下「協定対象派遣労働者」という。）を除く。）の職務の内容、職務の成果、意欲、能力又は経験その他の就業の実態に関する事項を勘案し、その賃金（通勤手当その他の厚生労働省令で定

改正前

（新設）

改正後	改正前

（下線部分は改正部分）

めるものを除く。）を決定するように努めなければならない。
（就業規則の作成の手続）
第30条の6 派遣元事業主は、派遣労働者に係る事項について就業規則を作成し、又は変更しようとするときは、あらかじめ、当該事業所において雇用する派遣労働者の過半数を代表すると認められるものの意見を聴くように努めなければならない。
（派遣労働者等の福祉の増進）
第30条の7 第30条から前条までに規定するもののほか、派遣元事業主は、その雇用する派遣労働者又は派遣労働者として雇用しようとする労働者について、各人の希望、能力及び経験に応じた就業の機会（派遣労働者以外の労働者としての就業の機会を含む。）及び教育訓練の機会の確保、労働条件の向上その他雇用の安定を図るために必要な措置を講ずることにより、これらの者の福祉の増進を図るように努めなければならない。
（待遇に関する事項等の説明）
第31条の2 （略）
2 派遣元事業主は、労働者を派遣労働者として雇い入れようとするときは、あらかじめ、当該労働者に対し、文書の交付その他厚生労働省令で定める方法（次項において「文書の交付等」という。）により、第一号に掲げる事項を明示するとともに、厚生労働省令で定めるところにより、第二号に掲げる措置の内容を説明しなければならない。
　一　労働条件に関する事項のうち、労働基準法第15条第1項に規定する厚生労働省令で定める事項以外のものであつて厚生労働省令で定めるもの
　二　第30条の3、第30条の4第1項及び第30条の5の規定により措置を講ずべきこととされている事項（労働基準法第15条第1項に規定する厚生労働省令で定める事項及び前号に掲げる事項を除く。）に関し講ずることとしている措置の内容
3 派遣元事業主は、労働者派遣（第30条の4第1項の協定に係るものを除く。）をしようとするときは、あらかじめ、当該労働者派遣に係る派遣労働者に対し、文書の交付等により、第一号に掲げる事項を明示するとともに、厚生労働省令で定めるところにより、第二号に掲げる措置の内容を説明しなければならない。
　一　労働基準法第15条第1項に規定する厚生労働省令で定める事項及び前項第一号に掲げる事項（厚生労働省令で定めるものを除く。）
　二　前項第二号に掲げる措置の内容
4 派遣元事業主は、その雇用する派遣労働者から求めがあつたときは、当該派遣労働者に対し、当該派遣労働者と第26条第8項に規定する比較対象労働者との間の待遇の相違の内容及び理由並びに第30条の3から第30条の6までの規定により措置を講ずべきこととされている事項に関する決定をするに当たつて考慮した事項を説明しなければならない。
5 派遣元事業主は、派遣労働者が前項の求めをしたことを理由として、当該派遣労働者に対して解雇そ

（新設）

（派遣労働者等の福祉の増進）
第30条の4 前3条に規定するもののほか、派遣元事業主は、その雇用する派遣労働者又は派遣労働者として雇用しようとする労働者について、各人の希望、能力及び経験に応じた就業の機会（派遣労働者以外の労働者としての就業の機会を含む。）及び教育訓練の機会の確保、労働条件の向上その他雇用の安定を図るために必要な措置を講ずることにより、これらの者の福祉の増進を図るように努めなければならない。
（待遇に関する事項等の説明）
第31条の2 （略）
（新設）

（新設）

2 派遣元事業主は、その雇用する派遣労働者から求めがあつたときは、第30条の3の規定により配慮すべきこととされている事項に関する決定をするに当たつて考慮した事項について、当該派遣労働者に説明しなければならない。

（新設）

（下線部分は改正部分）

改正後

の他不利益な取扱いをしてはならない。
（派遣先への通知）
第35条　派遣元事業主は、労働者派遣をするときは、厚生労働省令で定めるところにより、次に掲げる事項を派遣先に通知しなければならない。
　一　（略）
　二　当該労働者派遣に係る派遣労働者が協定対象派遣労働者であるか否かの別
　三～六　（略）

２　派遣元事業主は、前項の規定による通知をした後に同項第二号から第五号までに掲げる事項に変更があつたときは、遅滞なく、その旨を当該派遣先に通知しなければならない。
（派遣元管理台帳）
第37条　派遣元事業主は、厚生労働省令で定めるところにより、派遣就業に関し、派遣元管理台帳を作成し、当該台帳に派遣労働者ごとに次に掲げる事項を記載しなければならない。
　一　協定対象派遣労働者であるか否かの別
　二～十三　（略）

２　（略）

改正前

（派遣先への通知）
第35条　派遣元事業主は、労働者派遣をするときは、厚生労働省令で定めるところにより、次に掲げる事項を派遣先に通知しなければならない。
　一　当該労働者派遣に係る派遣労働者の氏名
（新設）

　二　当該労働者派遣に係る派遣労働者が無期雇用派遣労働者であるか有期雇用派遣労働者であるかの別
　三　当該労働者派遣に係る派遣労働者が第40条の２第１項第二号の厚生労働省令で定める者であるか否かの別
　四　当該労働者派遣に係る派遣労働者に関する健康保険法第39条第１項の規定による被保険者の資格の取得の確認、厚生年金保険法第18条第１項の規定による被保険者の資格の取得の確認及び雇用保険法第９条第１項の規定による被保険者となつたことの確認の有無に関する事項であつて厚生労働省令で定めるもの
　五　その他厚生労働省令で定める事項

２　派遣元事業主は、前項の規定による通知をした後に同項第二号から第四号までに掲げる事項に変更があつたときは、遅滞なく、その旨を当該派遣先に通知しなければならない。
（派遣元管理台帳）
第37条　派遣元事業主は、厚生労働省令で定めるところにより、派遣就業に関し、派遣元管理台帳を作成し、当該台帳に派遣労働者ごとに次に掲げる事項を記載しなければならない。
（新設）
　一　無期雇用派遣労働者であるか有期雇用派遣労働者であるかの別（当該派遣労働者が有期雇用派遣労働者である場合にあつては、当該有期雇用派遣労働者に係る労働契約の期間）
　二　第40条の２第１項第二号の厚生労働省令で定める者であるか否かの別
　三　派遣先の氏名又は名称
　四　事業所の所在地その他派遣就業の場所及び組織単位
　五　労働者派遣の期間及び派遣就業をする日
　六　始業及び終業の時刻
　七　従事する業務の種類
　八　第30条第１項（同条第２項の規定により読み替えて適用する場合を含む。）の規定により講じた措置
　九　教育訓練（厚生労働省令で定めるものに限る。）を行つた日時及び内容
　十　派遣労働者から申出を受けた苦情の処理に関する事項
　十一　紹介予定派遣に係る派遣労働者については、当該紹介予定派遣に関する事項
　十二　その他厚生労働省令で定める事項

２　（略）

(下線部分は改正部分)

改正後

第3節　派遣先の講ずべき措置等
(適正な派遣就業の確保等)
第40条　(略)

2　派遣先は、その指揮命令の下に労働させる派遣労働者について、当該派遣労働者を雇用する派遣元事業主からの求めに応じ、当該派遣労働者が従事する業務と同種の業務に従事するその雇用する労働者が従事する業務の遂行に必要な能力を付与するための教育訓練については、当該派遣労働者が当該業務に必要な能力を習得することができるようにするため、当該派遣労働者が既に当該業務に必要な能力を有している場合その他厚生労働省令で定める場合を除き、当該派遣労働者に対しても、これを実施する等必要な措置を講じなければならない。

3　派遣先は、当該派遣先に雇用される労働者に対して利用の機会を与える福利厚生施設であつて、業務の円滑な遂行に資するものとして厚生労働省令で定めるものについては、その指揮命令の下に労働させる派遣労働者に対しても、利用の機会を与えなければならない。

4　前3項に定めるもののほか、派遣先は、その指揮命令の下に労働させる派遣労働者について、当該派遣就業が適正かつ円滑に行われるようにするため、適切な就業環境の維持、診療所等の施設であつて現に当該派遣先に雇用される労働者が通常利用しているもの(前項に規定する厚生労働省令で定める福利厚生施設を除く。)の利用に関する便宜の供与等必要な措置を講ずるように配慮しなければならない。
(削る)

5　派遣先は、第30条の2、第30条の3、第30条の4第1項及び第31条の2第4項の規定による措置が適切に講じられるようにするため、派遣元事業主の求めに応じ、当該派遣先に雇用される労働者に関する情報、当該派遣労働者の業務の遂行の状況その他の情報であつて当該措置に必要なものを提供する等必要な協力をするように配慮しなければならない。

(派遣先管理台帳)
第42条　派遣先は、厚生労働省令で定めるところにより、派遣就業に関し、派遣先管理台帳を作成し、当該台帳に派遣労働者ごとに次に掲げる事項を記載しなければならない。

改正前

第3節　派遣先の講ずべき措置等
(適正な派遣就業の確保等)
第40条　派遣先は、その指揮命令の下に労働させる派遣労働者から当該派遣就業に関し、苦情の申出を受けたときは、当該苦情の内容を当該派遣元事業主に通知するとともに、当該派遣元事業主との密接な連携の下に、誠意をもつて、遅滞なく、当該苦情の適切かつ迅速な処理を図らなければならない。

2　派遣先は、その指揮命令の下に労働させる派遣労働者について、当該派遣労働者を雇用する派遣元事業主からの求めに応じ、当該派遣労働者が従事する業務と同種の業務に従事するその雇用する労働者が従事する業務の遂行に必要な能力を付与するための教育訓練については、当該派遣労働者が既に当該業務に必要な能力を有している場合その他厚生労働省令で定める場合を除き、派遣労働者に対しても、これを実施するよう配慮しなければならない。

3　派遣先は、当該派遣先に雇用される労働者に対して利用の機会を与える福利厚生施設であつて、業務の円滑な遂行に資するものとして厚生労働省令で定めるものについては、その指揮命令の下に労働させる派遣労働者に対しても、利用の機会を与えるように配慮しなければならない。

4　前3項に定めるもののほか、派遣先は、その指揮命令の下に労働させる派遣労働者について、当該派遣就業が適正かつ円滑に行われるようにするため、適切な就業環境の維持、診療所等の施設であつて現に当該派遣先に雇用される労働者が通常利用しているもの(前項に規定する厚生労働省令で定める福利厚生施設を除く。)の利用に関する便宜の供与等必要な措置を講ずるように努めなければならない。

5　派遣先は、第30条の3第1項の規定により賃金が適切に決定されるようにするため、派遣元事業主の求めに応じ、その指揮命令の下に労働させる派遣労働者が従事する業務と同種の業務に従事する当該派遣先に雇用される労働者の賃金水準に関する情報又は当該業務に従事する労働者の募集に係る事項を提供することその他の厚生労働省令で定める措置を講ずるように配慮しなければならない。

6　前項に定めるもののほか、派遣先は、第30条の2及び第30条の3の規定による措置が適切に講じられるようにするため、派遣元事業主の求めに応じ、その指揮命令の下に労働させる派遣労働者が従事する業務と同種の業務に従事する当該派遣先に雇用される労働者に関する情報、当該派遣労働者の業務の遂行の状況その他の情報であつて当該措置に必要なものを提供する等必要な協力をするように努めなければならない。

(派遣先管理台帳)
第42条　派遣先は、厚生労働省令で定めるところにより、派遣就業に関し、派遣先管理台帳を作成し、当該台帳に派遣労働者ごとに次に掲げる事項を記載しなければならない。

（下線部分は改正部分）

改正後	改正前
一　協定対象派遣労働者であるか否かの別 二～十一　（略）	（新設） 一　無期雇用派遣労働者であるか有期雇用派遣労働者であるかの別 二　第40条の２第１項第二号の厚生労働省令で定める者であるか否かの別 三　派遣元事業主の氏名又は名称 四　派遣就業をした日 五　派遣就業をした日ごとの始業し、及び終業した時刻並びに休憩した時間 六　従事した業務の種類 七　派遣労働者から申出を受けた苦情の処理に関する事項 八　紹介予定派遣に係る派遣労働者については、当該紹介予定派遣に関する事項 九　教育訓練（厚生労働省令で定めるものに限る。）を行つた日時及び内容 十　その他厚生労働省令で定める事項
２　（略）	２　（略）
３　派遣先は、厚生労働省令で定めるところにより、第１項各号（第四号を除く。）に掲げる事項を派遣元事業主に通知しなければならない。	３　派遣先は、厚生労働省令で定めるところにより、第１項各号（第三号を除く。）に掲げる事項を派遣元事業主に通知しなければならない。
第４節　労働基準法等の適用に関する特例等 （労働基準法の適用に関する特例） 第44条　（略）	第４節　労働基準法等の適用に関する特例等 （労働基準法の適用に関する特例） 第44条　労働基準法第９条に規定する事業（以下この節において単に「事業」という。）の事業主（以下この条において単に「事業主」という。）に雇用され、他の事業主の事業における派遣就業のために当該事業に派遣されている同条に規定する労働者（同居の親族のみを使用する事業に使用される者及び家事使用人を除く。）であつて、当該他の事業主（以下この条において「派遣先の事業主」という。）に雇用されていないもの（以下この節において「派遣中の労働者」という。）の派遣就業に関しては、当該派遣中の労働者が派遣されている事業（以下この節において「派遣先の事業」という。）もまた、派遣中の労働者を使用する事業とみなして、同法第３条、第５条及び第69条の規定（これらの規定に係る罰則の規定を含む。）を適用する。
２　派遣中の労働者の派遣就業に関しては、派遣先の事業のみを、派遣中の労働者を使用する事業とみなして、労働基準法第７条、第32条、第32条の２第１項、第32条の３第１項、第32条の４第１項から第３項まで、第33条から第35条まで、第36条第１項及び第６項、第40条、第41条、第60条から第63条まで、第64条の２、第64条の３、第66条から第68条まで並びに第141条第３項の規定並びに当該規定に基づいて発する命令の規定（これらの規定に係る罰則の規定を含む。）を適用する。この場合において、同法第32条の２第１項中「当該事業場に」とあるのは「労働者派遣事業の適正な運営の確保及び派遣労働者の保護等に関する法律（以下「労働者派遣法」という。）第44条第３項に規定する派遣元の使用者（以下単に「派遣元の使用者」という。）が、当該派遣元の事業（同項に規定する派遣元の事業をいう。以下同じ。）の事業場に」と、同法第32条の３第１	２　派遣中の労働者の派遣就業に関しては、派遣先の事業のみを、派遣中の労働者を使用する事業とみなして、労働基準法第７条、第32条、第32条の２第１項、第32条の３、第32条の４第１項から第３項まで、第33条から第35条まで、第36条第１項、第40条、第41条、第60条から第63条まで、第64条の２、第64条の３及び第66条から第68条までの規定並びに当該規定に基づいて発する命令の規定（これらの規定に係る罰則の規定を含む。）を適用する。この場合において、同法第32条の２第１項中「当該事業場に」とあるのは「労働者派遣事業の適正な運営の確保及び派遣労働者の保護等に関する法律（以下「労働者派遣法」という。）第44条第３項に規定する派遣元の使用者（以下単に「派遣元の使用者」という。）が、当該派遣元の事業（同項に規定する派遣元の事業をいう。以下同じ。）の事業場に」と、同法第32条の３中「就業規則その他これに準ずるもの

労働者派遣法

（下線部分は改正部分）

改正後

項中「就業規則その他これに準ずるものにより、」とあるのは「派遣元の使用者が就業規則その他これに準ずるものにより、」と、「とした労働者」とあるのは「とした労働者であつて、当該労働者に係る労働者派遣法第26条第1項に規定する労働者派遣契約に基づきこの条の規定による労働時間により労働させることができるもの」と、「当該事業場の」とあるのは「派遣元の使用者が、当該派遣元の事業の事業場の」と、同法第32条の4第1項及び第2項中「当該事業場に」とあるのは「派遣元の使用者が、当該派遣元の事業の事業場に」と、同法第36条第1項中「当該事業場に」とあるのは「派遣元の使用者が、当該派遣元の事業の事業場に」と、「協定をし、」とあるのは「協定をし、及び」とする。

3　労働者派遣をする事業主の事業（以下この節において「派遣元の事業」という。）の労働基準法第10条に規定する使用者（以下この条において「派遣元の使用者」という。）は、労働者派遣をする場合であつて、前項の規定により当該労働者派遣の役務の提供を受ける事業主の事業の同条に規定する使用者とみなされることとなる者が当該労働者派遣に係る労働者派遣契約に定める派遣就業の条件に従つて当該労働者派遣に係る派遣労働者を労働させたならば、同項の規定により適用される同法第32条、第34条、第35条、第36条第6項、第40条、第61条から第63条まで、第64条の2、第64条の3若しくは第141条第3項の規定又はこれらの規定に基づいて発する命令の規定（次項において「労働基準法令の規定」という。）に抵触することとなるときにおいては、当該労働者派遣をしてはならない。

4　〔略〕

5　前各項の規定による労働基準法の特例については、同法第38条の2第2項中「当該事業場」とあるのは「当該事業場（労働者派遣事業の適正な運営の確保及び派遣労働者の保護等に関する法律（昭和60年法律第88号。以下「労働者派遣法」という。）第23条の2に規定する派遣就業にあつては、労働者派遣法第44条第3項に規定する派遣元の事業の事業場）」と、同法第38条の3第1項中「就かせたとき」とあるのは「就かせたとき（派遣先の使用者（労働者派遣法第44条第1項又は第2項の規定により同条第1項に規定する派遣先の事業の第10条に規定する使用者とみなされる者をいう。以下同じ。）が就かせたときを含む。）」と、同法第99条第1項から第3項まで、第100条第1項及び第3項並びに第104条の2中「この法律」とあるのは「この法律及び労働者派遣法第44条の規定」と、同法第101条第1項、第104条第2項、第104条の2、第105条の2、第106

改正前

により、」とあるのは「派遣元の使用者が就業規則その他これに準ずるものにより」と、「とした労働者」とあるのは「とした労働者であつて、当該労働者に係る労働者派遣法第26条第1項に規定する労働者派遣契約に基づきこの条の規定による労働時間により労働させることができるもの」と、「当該事業場の」とあるのは「派遣元の使用者が、当該派遣元の事業の事業場の」と、同法第32条の4第1項及び第2項中「当該事業場に」とあるのは「派遣元の使用者が、当該派遣元の事業の事業場に」と、同法第36条第1項中「当該事業場に」とあるのは「派遣元の使用者が、当該派遣元の事業の事業場に」と、「これを行政官庁に」とあるのは「及びこれを行政官庁に」とする。

3　労働者派遣をする事業主の事業（以下この節において「派遣元の事業」という。）の労働基準法第10条に規定する使用者（以下この条において「派遣元の使用者」という。）は、労働者派遣をする場合であつて、前項の規定により当該労働者派遣の役務の提供を受ける事業主の事業の同条に規定する使用者とみなされることとなる者が当該労働者派遣に係る労働者派遣契約に定める派遣就業の条件に従つて当該労働者派遣に係る派遣労働者を労働させたならば、同項の規定により適用される同法第32条、第34条、第35条、第36条第1項ただし書、第40条、第61条から第63条まで、第64条の2若しくは第64条の3の規定又はこれらの規定に基づいて発する命令の規定（次項において「労働基準法令の規定」という。）に抵触することとなるときにおいては、当該労働者派遣をしてはならない。

4　派遣元の使用者が前項の規定に違反したとき（当該労働者派遣に係る派遣中の労働者に関し第2項の規定により当該派遣先の事業の労働基準法第10条に規定する使用者とみなされる者において当該労働基準法令の規定に抵触することとなつたときに限る。）は、当該派遣元の使用者は当該労働基準法令の規定に違反したものとみなして、同法第118条、第119条及び第121条の規定を適用する。

5　前各項の規定による労働基準法の特例については、同法第38条の2第2項中「当該事業場」とあるのは「当該事業場（労働者派遣事業の適正な運営の確保及び派遣労働者の保護等に関する法律（昭和60年法律第88号。以下「労働者派遣法」という。）第23条の2に規定する派遣就業にあつては、労働者派遣法第44条第3項に規定する派遣元の事業の事業場）」と、同法第38条の3第1項中「就かせたとき」とあるのは「就かせたとき（派遣先の使用者（労働者派遣法第44条第1項又は第2項の規定により同条第1項に規定する派遣先の事業の第10条に規定する使用者とみなされる者をいう。以下同じ。）が就かせたときを含む。）」と、同法第99条第1項から第3項まで、第100条第1項及び第3項並びに第104条の2中「この法律」とあるのは「この法律及び労働者派遣法第44条の規定」と、同法第101条第1項、第104条第2項、第104条の2、第105条の2、第106

（下線部分は改正部分）

改正後

条第1項及び第109条中「使用者」とあるのは「使用者（派遣先の使用者を含む。）」と、同法第102条中「この法律違反の罪」とあるのは「この法律（労働者派遣法第44条の規定により適用される場合を含む。）の違反の罪（同条第4項の規定による第118条、第119条及び第121条の罪を含む。）」と、同法第104条第1項中「この法律又はこの法律に基いて発する命令」とあるのは「この法律若しくはこの法律に基づいて発する命令の規定（労働者派遣法第44条の規定により適用される場合を含む。）又は同条第3項の規定」と、同法第106条第1項中「この法律」とあるのは「この法律（労働者派遣法第44条の規定を含む。以下この項において同じ。）」と、「協定並びに第38条の4第1項及び同条第5項<u>（第41条の2第3項において準用する場合を含む。）並びに第41条の2第1項</u>に規定する決議」とあるのは「協定並びに第38条の4第1項及び同条第5項<u>（第41条の2第3項において準用する場合を含む。）並びに第41条の2第1項</u>に規定する決議（派遣先の使用者にあつては、この法律及びこれに基づく命令の要旨）」と、同法第112条中「この法律及びこの法律に基いて発する命令」とあるのは「この法律及びこの法律に基づいて発する命令の規定（労働者派遣法第44条の規定により適用される場合を含む。）並びに同条第3項の規定」として、これらの規定（これらの規定に係る罰則の規定を含む。）を適用する。

6　（略）

（労働安全衛生法の適用に関する特例等）
第45条　労働者がその事業における派遣就業のために派遣されている派遣先の事業に関しては、当該派遣先の事業を行う者もまた当該派遣中の労働者を使用する事業者（労働安全衛生法（昭和47年法律第57号）第2条第三号に規定する事業者をいう。以下この条において同じ。）と、当該派遣中の労働者を当該派遣先の事業を行う者にもまた使用される労働者とみなして、同法第3条第1項、第4条、第10条、第12条から第13条<u>（第2項及び第3項を除く。）</u>まで、第13条の2、<u>第13条の3</u>、第18条、第19条の2、第59条第2項、第60条の2、第62条、第66条の5第1項、第69条及び第70条の規定（これらの規定に係る罰則の規定を含む。）を適用する。この場合において、同法第10条第1項中「第25条の2第2項」とあるのは「第25条の2第2項（労働者派遣事業の適正な運営の確保及び派遣労働者の保護等に関する法律（以下「労働者派遣法」という。）第45条第3項の規定により適用される場合を含む。）」と、「次の業務」とあるのは「次の業務（労働者派遣法第44条第1項に規定する派遣中の労働者（以下単に「派遣中の労働者」という。）に関しては、第二号の業務（第59条第3項に規定する安全又は衛生のための特別の教育に係るものを除く。）、第三号の業務（第66条第1項の規定による健康診断（同条第2項後段の規定による健康診断であつて厚生労働省

改正前

条第1項及び第109条中「使用者」とあるのは「使用者（派遣先の使用者を含む。）」と、同法第102条中「この法律違反の罪」とあるのは「この法律（労働者派遣法第44条の規定により適用される場合を含む。）の違反の罪（同条第4項の規定による第118条、第119条及び第121条の罪を含む。）」と、同法第104条第1項中「この法律又はこの法律に基いて発する命令」とあるのは「この法律若しくはこの法律に基づいて発する命令の規定（労働者派遣法第44条の規定により適用される場合を含む。）又は同条第3項の規定」と、同法第106条第1項中「この法律」とあるのは「この法律（労働者派遣法第44条の規定を含む。以下この項において同じ。）」と、「協定並びに第38条の4第1項及び第5項に規定する決議」とあるのは「協定並びに第38条の4第1項及び第5項に規定する決議（派遣先の使用者にあつては、この法律及びこれに基づく命令の要旨）」と、同法第112条中「この法律及びこの法律に基いて発する命令」とあるのは「この法律及びこの法律に基づいて発する命令の規定（労働者派遣法第44条の規定により適用される場合を含む。）並びに同条第3項の規定」として、これらの規定（これらの規定に係る罰則の規定を含む。）を適用する。

6　この条の規定により労働基準法及び同法に基づいて発する命令の規定を適用する場合における技術的読替えその他必要な事項は、命令で定める。

（労働安全衛生法の適用に関する特例等）
第45条　労働者がその事業における派遣就業のために派遣されている派遣先の事業に関しては、当該派遣先の事業を行う者もまた当該派遣中の労働者を使用する事業者（労働安全衛生法（昭和47年法律第57号）第2条第三号に規定する事業者をいう。以下この条において同じ。）と、当該派遣中の労働者を当該派遣先の事業を行う者にもまた使用される労働者とみなして、同法第3条第1項、第4条、第10条、第12条から第13条（第2項を除く。）まで、第13条の2、第18条、第19条の2、第59条第2項、第60条の2、第62条、第66条の5第1項、第69条及び第70条の規定（これらの規定に係る罰則の規定を含む。）を適用する。この場合において、同法第10条第1項中「第25条の2第2項」とあるのは「第25条の2第2項（労働者派遣事業の適正な運営の確保及び派遣労働者の保護等に関する法律（以下「労働者派遣法」という。）第45条第3項の規定により適用される場合を含む。）」と、「次の業務」とあるのは「次の業務（労働者派遣法第44条第1項に規定する派遣中の労働者（以下単に「派遣中の労働者」という。）に関しては、第二号の業務（第59条第3項に規定する安全又は衛生のための特別の教育に係るものを除く。）、第三号の業務（第66条第1項の規定による健康診断（同条第2項後段の規定による健康診断であつて厚生労働省令で定めるものを含む。）及び当該

（下線部分は改正部分）

改正後

で定めるものを含む。）及び当該健康診断に係る同条第4項の規定による健康診断並びにこれらの健康診断に係る同条第5項ただし書の規定による健康診断に係るものに限る。）及び第五号の業務（厚生労働省令で定めるものに限る。）を除く。第12条第1項及び第12条の2において「派遣先安全衛生管理業務」という。）」と、同法第12条第1項及び第12条の2中「第10条第1項各号の業務」とあるのは「派遣先安全衛生管理業務」と、「第25条の2第2項」とあるのは「第25条の2第2項（労働者派遣法第45条第3項の規定により適用される場合を含む。）」と、「同条第1項各号」とあるのは「第25条の2第1項各号」と、同法第13条第1項中「健康管理その他の厚生労働省令で定める事項（以下」とあるのは「健康管理その他の厚生労働省令で定める事項（派遣中の労働者に関しては、当該事項のうち厚生労働省令で定めるものを除く。第4項及び第5項、次条並びに第13条の3において」と、同条第4項中「定めるもの」とあるのは「定めるもの（派遣中の労働者に関しては、当該情報のうち第1項の厚生労働省令で定めるものに関するものを除く。）」と、同法第18条第1項中「次の事項」とあるのは「次の事項（派遣中の労働者に関しては、当該事項のうち厚生労働省令で定めるものを除く。）」とする。

2　その事業に使用する労働者が派遣先の事業における派遣就業のために派遣されている派遣元の事業に関する労働安全衛生法第10条第1項、第12条第1項、第12条の2、第13条第1項及び第4項並びに第18条第1項の規定の適用については、同法第10条第1項中「次の業務」とあるのは「次の業務（労働者派遣事業の適正な運営の確保及び派遣労働者の保護等に関する法律（以下「労働者派遣法」という。）第44条第1項に規定する派遣中の労働者（以下単に「派遣中の労働者」という。）に関しては、労働者派遣法第45条第1項の規定により読み替えて適用されるこの項の規定により労働者派遣法第44条第1項に規定する派遣先の事業を行う者がその選任する総括安全衛生管理者に統括管理させる業務を除く。第12条第1項及び第12条の2において「派遣元安全衛生管理業務」という。）」と、同法第12条第1項及び第12条の2中「第10条第1項各号の業務」とあるのは「派遣元安全衛生管理業務」と、同法第13条第1項中「健康管理その他の厚生労働省令で定める事項（以下」とあるのは「健康管理その他の厚生労働省令で定める事項（派遣中の労働者に関しては、当該事項のうち厚生労働省令で定めるものに限る。第4項及び第5項、次条並びに第13条の3において」と、同条第4項中「定めるもの」とあるのは「定めるもの（派遣中の労働者に関しては、当該情報のうち第1項の厚生労働省令で定めるものに関するものに限る。）」と、同法第18条第1項中「次の事項」とあるのは「次の事項（派遣中の労働者に関しては、当該事項のうち厚生労働省令で定めるものに限る。）」とする。

3　労働者がその事業における派遣就業のために派遣

改正前

健康診断に係る同条第4項の規定による健康診断並びにこれらの健康診断に係る同条第5項ただし書の規定による健康診断に係るものに限る。）及び第五号の業務（厚生労働省令で定めるものに限る。）を除く。第12条第1項及び第12条の2において「派遣先安全衛生管理業務」という。）」と、同法第12条第1項及び第12条の2中「第10条第1項各号の業務」とあるのは「派遣先安全衛生管理業務」と、「第25条の2第2項」とあるのは「第25条の2第2項（労働者派遣法第45条第3項の規定により適用される場合を含む。）」と、「同条第1項各号」とあるのは「第25条の2第1項各号」と、同法第13条第1項中「健康管理その他の厚生労働省令で定める事項（以下」とあるのは「健康管理その他の厚生労働省令で定める事項（派遣中の労働者に関しては、当該事項のうち厚生労働省令で定めるものを除く。第3項及び次条において」と、同法第18条第1項中「次の事項」とあるのは「次の事項（派遣中の労働者に関しては、当該事項のうち厚生労働省令で定めるものを除く。）」とする。

2　その事業に使用する労働者が派遣先の事業における派遣就業のために派遣されている派遣元の事業に関する労働安全衛生法第10条第1項、第12条第1項、第12条の2、第13条第1項及び第18条第1項の規定の適用については、同法第10条第1項中「次の業務」とあるのは「次の業務（労働者派遣事業の適正な運営の確保及び派遣労働者の保護等に関する法律（以下「労働者派遣法」という。）第44条第1項に規定する派遣中の労働者（以下単に「派遣中の労働者」という。）に関しては、労働者派遣法第45条第1項の規定により読み替えて適用されるこの項の規定により労働者派遣法第44条第1項に規定する派遣先の事業を行う者がその選任する総括安全衛生管理者に統括管理させる業務を除く。第12条第1項及び第12条の2において「派遣元安全衛生管理業務」という。）」と、同法第12条第1項及び第12条の2中「第10条第1項各号の業務」とあるのは「派遣元安全衛生管理業務」と、同法第13条第1項中「健康管理その他の厚生労働省令で定める事項（以下」とあるのは「健康管理その他の厚生労働省令で定める事項（派遣中の労働者に関しては、当該事項のうち厚生労働省令で定めるものに限る。第3項及び次条において」と、同法第18条第1項中「次の事項」とあるのは「次の事項（派遣中の労働者に関しては、当該事項のうち厚生労働省令で定めるものに限る。）」とする。

3　労働者がその事業における派遣就業のために派遣

（下線部分は改正部分）

改正後	改正前
されている派遣先の事業に関しては、当該派遣先の事業を行う者を当該派遣中の労働者を使用する事業者と、当該派遣中の労働者を当該派遣先の事業を行う者に使用される労働者とみなして、労働安全衛生法第11条、第14条から第15条の3まで、第17条、第20条から第27条まで、第28条の2から第30条の3まで、第31条の3、第36条（同法第30条第1項及び第4項、第30条の2第1項及び第4項並びに第30条の3第1項及び第4項の規定に係る部分に限る。）、第45条（第2項を除く。）、第57条の3から第58条まで、第59条第3項、第60条、第61条第1項、第65条から第65条の4まで、第66条第2項前段及び後段（派遣先の事業を行う者が同項後段の政令で定める業務に従事させたことのある労働者（派遣中の労働者を含む。）に係る部分に限る。以下この条において同じ。）、第3項、第4項（同法第66条第2項前段及び後段並びに第3項の規定に係る部分に限る。以下この条において同じ。）並びに第5項（同法第66条第2項前段及び後段、第3項並びに第4項の規定に係る部分に限る。以下この条において同じ。）、第66条の3（同法第66条第2項前段及び後段、第3項、第4項並びに第5項の規定に係る部分に限る。以下この条において同じ。）、第66条の4、<u>第66条の8の3</u>、第68条、第68条の2、第71条の2、第9章第1節並びに第88条から第89条の2までの規定並びに当該規定に基づく命令の規定（これらの規定に係る罰則を含む。）を適用する。この場合において、同法第29条第1項中「この法律又はこれに基づく命令の規定」とあるのは「この法律若しくはこれに基づく命令の規定（労働者派遣事業の適正な運営の確保及び派遣労働者の保護等に関する法律（以下「労働者派遣法」という。）第45条の規定により適用される場合を含む。）又は同条第10項の規定若しくは同項の規定に基づく命令の規定」と、同条第2項中「この法律又はこれに基づく命令の規定」とあるのは「この法律若しくはこれに基づく命令の規定（労働者派遣法第45条の規定により適用される場合を含む。）又は同条第10項の規定若しくは同項の規定に基づく命令の規定」と、同法第30条第1項第五号及び第88条第6項中「この法律又はこれに基づく命令の規定」とあるのは「この法律又はこれに基づく命令の規定（労働者派遣法第45条の規定により適用される場合を含む。）」と、同法第66条の4中「第66条第1項から第4項まで若しくは第5項ただし書又は第66条の2」とあるのは「第66条第2項前段若しくは後段（派遣先の事業を行う者が同項後段の政令で定める業務に従事させたことのある労働者（労働者派遣法第44条第1項に規定する派遣中の労働者を含む。）に係る部分に限る。以下この条において同じ。）、第3項、第4項（第66条第2項前段及び後段並びに第3項の規定に係る部分に限る。以下この条において同じ。）又は第5項ただし書（第66条第2項前段及び後段、第3項並びに第4項の規定に係る部分に限る。）」と、<u>同法第66条の8の3中「第66条の8第1項」とあるのは「派遣元の事業（労働者派</u>	されている派遣先の事業に関しては、当該派遣先の事業を行う者を当該派遣中の労働者を使用する事業者と、当該派遣中の労働者を当該派遣先の事業を行う者に使用される労働者とみなして、労働安全衛生法第11条、第14条から第15条の3まで、第17条、第20条から第27条まで、第28条の2から第30条の3まで、第31条の3、第36条（同法第30条第1項及び第4項、第30条の2第1項及び第4項並びに第30条の3第1項及び第4項の規定に係る部分に限る。）、第45条（第2項を除く。）、第57条の3から第58条まで、第59条第3項、第60条、第61条第1項、第65条から第65条の4まで、第66条第2項前段及び後段（派遣先の事業を行う者が同項後段の政令で定める業務に従事させたことのある労働者（派遣中の労働者を含む。）に係る部分に限る。以下この条において同じ。）、第3項、第4項（同法第66条第2項前段及び後段並びに第3項の規定に係る部分に限る。以下この条において同じ。）並びに第5項（同法第66条第2項前段及び後段、第3項並びに第4項の規定に係る部分に限る。以下この条において同じ。）、第66条の3（同法第66条第2項前段及び後段、第3項、第4項並びに第5項の規定に係る部分に限る。以下この条において同じ。）、第66条の4、第68条、第68条の2、第71条の2、第9章第1節並びに第88条から第89条の2までの規定並びに当該規定に基づく命令の規定（これらの規定に係る罰則を含む。）を適用する。この場合において、同法第29条第1項中「この法律又はこれに基づく命令の規定」とあるのは「この法律若しくはこれに基づく命令の規定（労働者派遣事業の適正な運営の確保及び派遣労働者の保護等に関する法律（以下「労働者派遣法」という。）第45条の規定により適用される場合を含む。）又は同条第10項の規定若しくは同項の規定に基づく命令の規定」と、同条第2項中「この法律又はこれに基づく命令の規定」とあるのは「この法律若しくはこれに基づく命令の規定（労働者派遣法第45条の規定により適用される場合を含む。）又は同条第10項の規定若しくは同項の規定に基づく命令の規定」と、同法第30条第1項第五号及び第88条第6項中「この法律又はこれに基づく命令の規定」とあるのは「この法律又はこれに基づく命令の規定（労働者派遣法第45条の規定により適用される場合を含む。）」と、同法第66条の4中「第66条第1項から第4項まで若しくは第5項ただし書又は第66条の2」とあるのは「第66条第2項前段若しくは後段（派遣先の事業を行う者が同項後段の政令で定める業務に従事させたことのある労働者（労働者派遣法第44条第1項に規定する派遣中の労働者を含む。）に係る部分に限る。以下この条において同じ。）、第3項、第4項（第66条第2項前段及び後段並びに第3項の規定に係る部分に限る。以下この条において同じ。）又は第5項ただし書（第66条第2項前段及び後段、第3項並びに第4項の規定に係る部分に限る。）」とする。

労働者派遣法

（下線部分は改正部分）

改正後

遣法第44条第3項に規定する派遣元の事業をいう。）の事業者が、第66条の8第1項」とする。
4～14　（略）

改正前

4　前項の規定により派遣中の労働者を使用する事業者とみなされた者に関しては、労働安全衛生法第45条第2項中「事業者」とあるのは、「労働者派遣事業の適正な運営の確保及び派遣労働者の保護等に関する法律第45条第3項の規定により同法第44条第1項に規定する派遣中の労働者を使用する事業者とみなされた者」として、同項の規定を適用する。

5　その事業に使用する労働者が派遣先の事業における派遣就業のために派遣されている派遣元の事業に関する第3項前段に掲げる規定及び労働安全衛生法第45条第2項の規定の適用については、当該派遣元の事業の事業者は当該派遣中の労働者を使用しないものと、当該派遣中の労働者は当該派遣元の事業の事業者に使用されないものとみなす。

6　派遣元の事業の事業者は、労働者派遣をする場合であつて、第3項の規定によりその事業における当該派遣就業のために派遣される労働者を使用する事業者とみなされることとなる者が当該労働者派遣に係る労働者派遣契約に定める派遣就業の条件に従つて当該労働者派遣に係る派遣労働者を労働させたならば、同項の規定により適用される労働安全衛生法第59条第3項、第61条第1項、第65条の4又は第68条の規定（次項において単に「労働安全衛生法の規定」という。）に抵触することとなるときにおいては、当該労働者派遣をしてはならない。

7　派遣元の事業の事業者が前項の規定に違反したとき（当該労働者派遣に係る派遣中の労働者に関し第3項の規定により当該派遣中の労働者を使用する事業者とみなされる者において当該労働安全衛生法の規定に抵触することとなつたときに限る。）は、当該派遣元の事業の事業者は当該労働安全衛生法の規定に違反したものとみなして、同法第119条及び第122条の規定を適用する。

8　第1項、第3項及び第4項に定めるもののほか、労働者がその事業における派遣就業のために派遣されている派遣先の事業に関しては、労働安全衛生法第5条第1項中「事業者」とあるのは「事業者（労働者派遣事業の適正な運営の確保及び派遣労働者の保護等に関する法律（以下「労働者派遣法」という。）第44条第1項に規定する派遣先の事業を行う者（以下「派遣先の事業者」という。）を含む。）」と、同条第4項中「当該事業の事業者」とあるのは「当該事業の事業者又は労働者派遣法第45条の規定により当該事業の事業者とみなされる者」と、「当該代表者のみが使用する」とあるのは「当該代表者が使用し、かつ、当該事業の事業者（派遣先の事業者を含む。）のうち当該代表者以外の者が使用しない」と、「この法律」とあるのは「この法律（労働者派遣法第45条の規定により適用される場合を含む。）」と、同法第16条第1項中「第15条第1項又は第3項」とあるのは「労働者派遣法第45条第3項の規定により適用される第15条第1項又は第3項」と、同法第19条及び同条第4項において準用する同

(下線部分は改正部分)

改正後	改正前
	法第17条第4項中「事業者」とあるのは「派遣先の事業者」と、同法第19条第1項中「第17条及び前条」とあるのは「労働者派遣法第45条の規定により適用される第17条及び前条」と、同条第2項及び第3項並びに同条第4項において準用する同法第17条第4項及び第5項中「労働者」とあるのは「労働者（労働者派遣法第44条第1項に規定する派遣中の労働者を含む。）」として、これらの規定を適用する。
	9　その事業に使用する労働者が派遣先の事業における派遣就業のために派遣されている派遣元の事業に関する労働安全衛生法第19条第1項の規定の適用については、同項中「第17条及び前条」とあるのは、「労働者派遣事業の適正な運営の確保及び派遣労働者の保護等に関する法律第45条の規定により適用される第17条及び前条」とする。
	10　第3項の規定により派遣中の労働者を使用する事業者とみなされた者（第8項の規定により読み替えて適用される労働安全衛生法第5条第4項の規定により当該者とみなされる者を含む。）は、当該派遣中の労働者に対し第3項の規定により適用される同法第66条第2項、第3項若しくは第4項の規定による健康診断を行つたとき、又は当該派遣中の労働者から同条第5項ただし書の規定による健康診断の結果を証明する書面の提出があつたときは、遅滞なく、厚生労働省令で定めるところにより、当該派遣中の労働者に係る第66条の3の規定による記録に基づいてこれらの健康診断の結果を記載した書面を作成し、当該派遣元の事業の事業者に送付しなければならない。
	11　前項の規定により同項の書面の送付を受けた派遣元の事業の事業者は、厚生労働省令で定めるところにより、当該書面を保存しなければならない。
	12　前2項の規定に違反した者は、30万円以下の罰金に処する。
	13　法人の代表者又は法人若しくは人の代理人、使用人その他の従業者が、その法人又は人の業務に関して、前項の違反行為をしたときは、行為者を罰するほか、その法人又は人に対しても、同項の罰金刑を科する。
	14　第10項の者は、当該派遣中の労働者に対し第3項の規定により適用される労働安全衛生法第66条の4の規定により医師又は歯科医師の意見を聴いたときは、遅滞なく、厚生労働省令で定めるところにより、当該意見を当該派遣元の事業の事業者に通知しなければならない。
15　前各項の規定による労働安全衛生法の特例については、同法第9条中「事業者，」とあるのは「事業者（労働者派遣事業の適正な運営の確保及び派遣労働者の保護等に関する法律（以下「労働者派遣法」という。）第44条第1項に規定する派遣先の事業を行う者（以下「派遣先の事業者」という。）を含む。以下この条において同じ。）、」と、同法第28条第4項、第32条第1項から第4項まで、第33条第1項、第34条、第63条、第66条の5第3項、第70条の2第2項、第71条の3第2項、第71条の4、第93条第2	15　前各項の規定による労働安全衛生法の特例については、同法第9条中「事業者，」とあるのは「事業者（労働者派遣事業の適正な運営の確保及び派遣労働者の保護等に関する法律（以下「労働者派遣法」という。）第44条第1項に規定する派遣先の事業を行う者（以下「派遣先の事業者」という。）を含む。以下この条において同じ。）、」と、同法第28条第4項、第32条第1項から第4項まで、第33条第1項、第34条、第63条、第66条の5第3項、第70条の2第2項、第71条の3第2項、第71条の4、第93

(下線部分は改正部分)

改正後

項及び第3項、第97条第2項、第98条第1項、第99条第1項、第99条の2第1項及び第2項、第100条から第102条まで、第103条第1項、<u>第104条第1項、第2項及び第4項、</u>第106条第1項並びに第108条の2第3項中「事業者」とあるのは「事業者(派遣先の事業者を含む。)」と、同法第31条第1項中「の労働者」とあるのは「の労働者(労働者派遣法第44条第1項に規定する派遣中の労働者(以下単に「派遣中の労働者」という。)を含む。)」と、同法第31条の2、第31条の4並びに第32条第4項、第6項及び第7項中「労働者」とあるのは「労働者(派遣中の労働者を含む。)」と、同法第31条の4及び第97条第1項中「この法律又はこれに基づく命令の規定」とあるのは「この法律若しくはこれに基づく命令の規定(労働者派遣法第45条の規定により適用される場合を含む。)又は同条第6項、第10項若しくは第11項の規定若しくはこれらの規定に基づく命令の規定」と、同法第90条、第91条第1項及び第100条中「この法律」とあるのは「この法律及び労働者派遣法第45条の規定」と、同法第92条中「この法律の規定に違反する罪」とあるのは「この法律の規定(労働者派遣法第45条の規定により適用される場合を含む。)に違反する罪(同条第7項の規定による第119条及び第122条の罪を含む。)並びに労働者派遣法第45条第12項及び第13項の罪」と、同法第98条第1項中「第34条の規定」とあるのは「第34条の規定(労働者派遣法第45条の規定により適用される場合を含む。)」と、同法第101条第1項中「この法律」とあるのは「この法律(労働者派遣法第45条の規定を含む。)」と、同法第103条第1項中「この法律又はこれに基づく命令の規定」とあるのは「この法律又はこれに基づく命令の規定(労働者派遣法第45条の規定により適用される場合を含む。)」と、<u>同法第104条第1項中「この法律又はこれに基づく命令の規定」とあるのは「この法律若しくはこれに基づく命令の規定(労働者派遣法第45条の規定により適用される場合を含む。)又は同条第10項若しくは第11項の規定若しくはこれらの規定に基づく命令の規定」</u>と、同法第115条第1項中「(第2章の規定を除く。)」とあるのは「(第2章の規定を除く。)及び労働者派遣法第45条の規定」として、これらの規定(これらの規定に係る罰則の規定を含む。)を適用する。

16・17 (略)

改正前

条第2項及び第3項、第97条第2項、第98条第1項、第99条第1項、第99条の2第1項及び第2項、第100条から第102条まで、第103条第1項、第106条第1項並びに第108条の2第3項中「事業者」とあるのは「事業者(派遣先の事業者を含む。)」と、同法第31条第1項中「の労働者」とあるのは「の労働者(労働者派遣法第44条第1項に規定する派遣中の労働者(以下単に「派遣中の労働者」という。)を含む。)」と、同法第31条の2、第31条の4並びに第32条第4項、第6項及び第7項中「労働者」とあるのは「労働者(派遣中の労働者を含む。)」と、同法第31条の4及び第97条第1項中「この法律又はこれに基づく命令の規定」とあるのは「この法律若しくはこれに基づく命令の規定(労働者派遣法第45条の規定により適用される場合を含む。)又は同条第6項、第10項若しくは第11項の規定若しくはこれらの規定に基づく命令の規定」と、同法第90条、第91条第1項及び第100条中「この法律」とあるのは「この法律及び労働者派遣法第45条の規定」と、同法第92条中「この法律の規定に違反する罪」とあるのは「この法律の規定(労働者派遣法第45条の規定により適用される場合を含む。)に違反する罪(同条第7項の規定による第119条及び第122条の罪を含む。)並びに労働者派遣法第45条第12項及び第13項の罪」と、同法第98条第1項中「第34条の規定」とあるのは「第34条の規定(労働者派遣法第45条の規定により適用される場合を含む。)」と、同法第101条第1項中「この法律」とあるのは「この法律(労働者派遣法第45条の規定を含む。)」と、同法第103条第1項中「この法律又はこれに基づく命令の規定」とあるのは「この法律又はこれに基づく命令の規定(労働者派遣法第45条の規定により適用される場合を含む。)」と、同法第115条第1項中「(第2章の規定を除く。)」とあるのは「(第2章の規定を除く。)及び労働者派遣法第45条の規定」として、これらの規定(これらの規定に係る罰則の規定を含む。)を適用する。

16 第1項から第5項まで、第7項から第9項まで及び前項の規定により適用される労働安全衛生法若しくは同法に基づく命令の規定又は第6項、第10項若しくは第11項の規定若しくはこれらの規定に基づく命令の規定に違反した者に関する同法の規定の適用については、同法第46条第2項第一号中「この法律又はこれに基づく命令の規定」とあるのは「この法律若しくはこれに基づく命令の規定(労働者派遣事業の適正な運営の確保及び派遣労働者の保護等に関する法律(以下「労働者派遣法」という。)第45条の規定により適用される場合を含む。)又は同条第6項、第10項若しくは第11項の規定若しくはこれらの規定に基づく命令の規定」と、同法第54条の3第

（下線部分は改正部分）

改正後	改正前
	２項第一号中「第45条第１項若しくは第２項の規定若しくはこれらの規定に基づく命令」とあるのは「第45条第１項若しくは第２項の規定若しくはこれらの規定に基づく命令の規定（労働者派遣法第45条第３項及び第４項の規定により適用される場合を含む。）」と、同法第56条第６項中「この法律若しくはこれに基づく命令の規定又はこれらの規定に基づく処分」とあるのは「この法律若しくはこれに基づく命令の規定（労働者派遣法第45条の規定により適用される場合を含む。）、これらの規定に基づく処分又は同条第６項、第10項若しくは第11項の規定若しくはこれらの規定に基づく命令の規定」と、同法第74条第２項第二号、第75条の３第２項第三号（同法第83条の３及び第85条の３において準用する場合を含む。）、第84条第２項第二号及び第99条の３第１項中「この法律又はこれに基づく命令の規定」とあるのは「この法律若しくはこれに基づく命令の規定（労働者派遣法第45条の規定により適用される場合を含む。）又は同条第６項、第10項若しくは第11項の規定若しくはこれらの規定に基づく命令の規定」と、同法第75条の４第２項（同法第83条の３及び第85条の３において準用する場合を含む。）及び第75条の５第４項（同法第83条の３において準用する場合を含む。）中「この法律（これに基づく命令又は処分を含む。）」とあるのは「この法律若しくはこれに基づく命令の規定（労働者派遣法第45条の規定により適用される場合を含む。）、これらの規定に基づく処分、同条第６項、第10項若しくは第11項の規定若しくはこれらの規定に基づく命令の規定」と、同法第84条第２項第三号中「この法律及びこれに基づく命令」とあるのは「この法律及びこれに基づく命令（労働者派遣法第45条の規定により適用される場合を含む。）並びに労働者派遣法（同条第６項、第10項及び第11項の規定に限る。）及びこれに基づく命令」とする。
	17　この条の規定により労働安全衛生法及び同法に基づく命令の規定を適用する場合における技術的読替えその他必要な事項は、命令で定める。
（じん肺法の適用に関する特例等）	（じん肺法の適用に関する特例等）
第46条　（略）	第46条　労働者がその事業における派遣就業のために派遣されている派遣先の事業で、じん肺法（昭和35年法律第30号）第２条第１項第三号に規定する粉じん作業（以下この条において単に「粉じん作業」という。）に係るものに関しては、当該派遣先の事業を行う者を当該派遣中の労働者（当該派遣先の事業において、常時粉じん作業に従事している者及び常時粉じん作業に従業したことのある者に限る。以下第４項まで及び第７項において同じ。）を使用する同法第２条第１項第五号に規定する事業者（以下この条において単に「事業者」という。）と、当該派遣中の労働者を当該派遣先の事業を行う者に使用される労働者とみなして、同法第５条から第９条の２まで、第11条から第14条まで、第15条第３項、第16条から第17条まで及び第35条の２の規定（これらの規定に係る罰則の規定を含む。）を適用する。この

— 99 —

（下線部分は改正部分）

改正後	改正前
	場合において、同法第9条の2第1項中「、離職」とあるのは「、離職（労働者派遣事業の適正な運営の確保及び派遣労働者の保護等に関する法律（以下「労働者派遣法」という。）第46条第1項に規定する派遣中の労働者については、当該派遣中の労働者に係る労働者派遣法第2条第一号に規定する労働者派遣の役務の提供の終了。以下この項において同じ。）」と、同法第35条の2中「この法律」とあるのは「この法律（労働者派遣法第46条の規定を含む。）」とする。
2～11　（略）	2　その事業に使用する労働者が派遣先の事業（粉じん作業に係るものに限る。）における派遣就業のために派遣されている派遣元の事業（粉じん作業に係るものに限る。）に関する前項前段に掲げる規定の適用については、当該派遣元の事業の事業者は当該派遣中の労働者を使用しないものと、当該派遣中の労働者は当該派遣元の事業の事業者に使用されないものとみなす。
	3　第1項の規定によりじん肺法の規定を適用する場合には、同法第10条中「事業者は、じん肺健康診断を」とあるのは「労働者派遣事業の適正な運営の確保及び派遣労働者の保護等に関する法律第44条第1項に規定する派遣先の事業（以下単に「派遣先の事業」という。）を行う者が同法第46条第1項に規定する派遣中の労働者に対してじん肺健康診断を」と、「労働安全衛生法第66条第1項又は第2項の」とあるのは「同法第44条第3項に規定する派遣元の事業を行う者にあつては労働安全衛生法第66条第1項又は第2項の、派遣先の事業を行う者にあつては同条第2項の」として、同条の規定を適用する。
	4　粉じん作業に係る事業における派遣中の労働者の派遣就業に関しては、当該派遣元の事業を行う者（事業者に該当する者を除く。次項及び第6項において同じ。）を事業者と、当該派遣先の事業を行う者もまた当該派遣中の労働者を使用する事業者と、当該派遣中の労働者を当該派遣先の事業を行う者にもまた使用される労働者とみなして、じん肺法第20条の2から第21条まで及び第22条の2の規定（同法第21条の規定に係る罰則の規定を含む。）を適用する。
	5　粉じん作業に係る事業における派遣中の労働者の派遣就業に関しては、派遣元の事業を行う者を事業者とみなして、じん肺法第22条の規定（同条の規定に係る罰則の規定を含む。）を適用する。
	6　派遣先の事業において常時粉じん作業に従事したことのある労働者であつて現に派遣元の事業を行う者に雇用されるもののうち、常時粉じん作業に従事する労働者以外の者（当該派遣先の事業において現に粉じん作業以外の作業に常時従事している者を除く。）については、当該派遣元の事業を行う者を事業者とみなして、じん肺法第8条から第14条まで、第15条第3項、第16条から第17条まで、第20条の2、第22条の2及び第35条の2の規定（これらの規定に係る罰則の規定を含む。）を適用する。この場合において、同法第10条中「事業者は、じん肺健康

（下線部分は改正部分）

改正後	改正前
	診断を」とあるのは「労働者派遣事業の適正な運営の確保及び派遣労働者の保護等に関する法律（以下「労働者派遣法」という。）第44条第３項に規定する派遣元の事業（以下単に「派遣元の事業」という。）を行う者が同条第１項に規定する派遣中の労働者又は同項に規定する派遣中の労働者であつた者に対してじん肺健康診断を」と、「労働安全衛生法第66条第１項又は第２項の」とあるのは「派遣元の事業を行う者にあつては労働安全衛生法第66条第１項又は第２項の、労働者派遣法第44条第１項に規定する派遣先の事業を行う者にあつては労働安全衛生法第66条第２項の」と、同法第35条の２中「この法律」とあるのは「この法律（労働者派遣法第46条の規定を含む。）」とする。
	7　第１項の規定により派遣中の労働者を使用する事業者とみなされた者は、当該派遣中の労働者に対してじん肺健康診断を行つたとき又は同項の規定により適用されるじん肺法第11条ただし書の規定により当該派遣中の労働者からじん肺健康診断の結果を証明する書面その他の書面の提出を受けたときにあつては、厚生労働省令で定めるところにより、当該派遣中の労働者に係る同項の規定により適用される同法第17条第１項の規定により作成した記録に基づいて当該じん肺健康診断の結果を記載した書面を作成し、第１項の規定により適用される同法第14条第１項（同法第15条第３項、第16条第２項及び第16条の２第２項において準用する場合を含む。）の規定による通知を受けたときにあつては、厚生労働省令で定めるところにより、当該通知の内容を記載した書面を作成し、遅滞なく、当該派遣元の事業を行う者に送付しなければならない。
	8　前項の規定により同項の書面の送付を受けた派遣元の事業を行う者は、厚生労働省令で定めるところにより、当該書面を保存しなければならない。
	9　派遣元の事業を行う者は、粉じん作業に係る事業における派遣就業に従事する派遣中の労働者で常時粉じん作業に従事するもの（じん肺管理区分が管理２、管理３又は管理４と決定された労働者を除く。）が労働安全衛生法第66条第１項又は第２項の健康診断（当該派遣先の事業を行う者の行うものを除く。）において、じん肺法第２条第１項第一号に規定するじん肺（以下単に「じん肺」という。）の所見があり、又はじん肺にかかつている疑いがあると診断されたときは、遅滞なく、その旨を当該派遣先の事業を行う者に通知しなければならない。
	10　前３項の規定に違反した者は、30万円以下の罰金に処する。
	11　法人の代表者又は法人若しくは人の代理人、使用人その他の従業者が、その法人又は人の業務に関して、前項の違反行為をしたときは、行為者を罰するほか、その法人又は人に対しても、同項の罰金刑を科する。
12　前各項の規定によるじん肺法の特例については、同法第32条第１項中「事業者」とあるのは「事業者（労働者派遣事業の適正な運営の確保及び派遣労働	12　前各項の規定によるじん肺法の特例については、同法第32条第１項中「事業者」とあるのは「事業者（労働者派遣事業の適正な運営の確保及び派遣労働

労働者派遣法

（下線部分は改正部分）

改正後

者の保護等に関する法律（以下「労働者派遣法」という。）第46条の規定により事業者とみなされた者を含む。第35条の３第１項、第２項及び第４項、第43条の２第２項並びに第44条において「事業者等」という。）」と、同法第35条の３第１項、第２項及び第４項中「事業者」とあるのは「事業者等」と、同条第１項中「この法律又はこれに基づく命令の規定」とあるのは「この法律若しくはこれに基づく命令の規定（労働者派遣法第46条の規定により適用される場合を含む。）又は同条第７項から第９項までの規定若しくはこれらの規定に基づく命令の規定」と、同法第39条第２項及び第３項中「この法律」とあるのは「この法律（労働者派遣法第46条の規定により適用される場合を含む。）」と、同条第３項中「第21条第４項」とあるのは「第21条第４項（労働者派遣法第46条第４項の規定により適用される場合を含む。）」と、同法第40条第１項中「粉じん作業を行う事業場」とあるのは「粉じん作業を行う事業場（労働者派遣法第46条の規定により事業者とみなされた者の事業場を含む。第42条第１項において同じ。）」と、同法第41条及び第42条第１項中「この法律」とあるのは「この法律及び労働者派遣法第46条の規定」と、同法第43条中「この法律の規定に違反する罪」とあるのは「この法律の規定（労働者派遣法第46条の規定により適用される場合を含む。）に違反する罪並びに同条第10項及び第11項の罪」と、同法第43条の２第１項中「この法律又はこれに基づく命令の規定」とあるのは「この法律若しくはこれに基づく命令の規定（労働者派遣法第46条の規定により適用される場合を含む。）又は同条第７項から第９項までの規定若しくはこれらの規定に基づく命令の規定」と、同条第２項及び同法第44条中「事業者」とあるのは「事業者等」として、これらの規定（これらの規定に係る罰則の規定を含む。）を適用する。

13・14　（略）

第４章　紛争の解決
第１節　紛争の解決の援助等
（苦情の自主的解決）
第47条の４　派遣元事業主は、第30条の３、第30条の

改正前

者の保護等に関する法律（以下「労働者派遣法」という。）第46条の規定により事業者とみなされた者を含む。第43条の２第２項及び第44条において「事業者等」という。）」と、同法第39条第２項及び第３項中「この法律」とあるのは「この法律（労働者派遣法第46条の規定により適用される場合を含む。）」と、同条第３項中「第21条第４項」とあるのは「第21条第４項（労働者派遣法第46条第４項の規定により適用される場合を含む。）」と、同法第40条第１項中「粉じん作業を行う事業場」とあるのは「粉じん作業を行う事業場（労働者派遣法第46条の規定により事業者とみなされた者の事業場を含む。第42条第１項において同じ。）」と、同法第41条及び第42条第１項中「この法律」とあるのは「この法律及び労働者派遣法第46条の規定」と、同法第43条中「この法律の規定に違反する罪」とあるのは「この法律の規定（労働者派遣法第46条の規定により適用される場合を含む。）に違反する罪並びに同条第10項及び第11項の罪」と、同法第43条の２第１項中「この法律又はこれに基づく命令の規定」とあるのは「この法律若しくはこれに基づく命令の規定（労働者派遣法第46条の規定により適用される場合を含む。）又は同条第７項から第９項までの規定若しくはこれらの規定に基づく命令の規定」と、同条第２項及び同法第44条中「事業者」とあるのは「事業者等」として、これらの規定（これらの規定に係る罰則の規定を含む。）を適用する。

13　派遣元の事業を行う者が事業者に該当する場合であつてその者が派遣中の労働者に対してじん肺健康診断を行つたときにおけるじん肺法第10条の規定の適用については、同条中「事業者は、」とあるのは「労働者派遣事業の適正な運営の確保及び派遣労働者の保護等に関する法律（以下「労働者派遣法」という。）第44条第３項に規定する派遣元の事業（以下単に「派遣元の事業」という。）を行う者が」と、「労働安全衛生法第66条第１項又は第２項の」とあるのは「派遣元の事業を行う者にあつては労働安全衛生法第66条第１項又は第２項の、労働者派遣法第44条第１項に規定する派遣先の事業を行う者にあつては労働安全衛生法第66条第２項の」とする。

14　この条の規定によりじん肺法及び同法に基づく命令の規定を適用する場合における技術的読替えその他必要な事項は、命令で定める。

（新設）
（新設）

（新設）

(下線部分は改正部分)

改正後	改正前
4及び第31条の2第2項から第5項までに定める事項に関し、派遣労働者から苦情の申出を受けたとき、又は派遣労働者が派遣先に対して申し出た苦情の内容が当該派遣先から通知されたときは、その自主的な解決を図るように努めなければならない。 2　派遣先は、第40条第2項及び第3項に定める事項に関し、派遣労働者から苦情の申出を受けたときは、その自主的な解決を図るように努めなければならない。 （紛争の解決の促進に関する特例） 第47条の5　前条第1項の事項についての派遣労働者と派遣元事業主との間の紛争及び同条第2項の事項についての派遣労働者と派遣先との間の紛争については、個別労働関係紛争の解決の促進に関する法律（平成13年法律第112号）第4条、第5条及び第12条から第19条までの規定は適用せず、次条から第47条の9までに定めるところによる。 （紛争の解決の援助） 第47条の6　都道府県労働局長は、前条に規定する紛争に関し、当該紛争の当事者の双方又は一方からその解決につき援助を求められた場合には、当該紛争の当事者に対し、必要な助言、指導又は勧告をすることができる。 2　派遣元事業主及び派遣先は、派遣労働者が前項の援助を求めたことを理由として、当該派遣労働者に対して不利益な取扱いをしてはならない。 　　第2節　調停 （調停の委任） 第47条の7　都道府県労働局長は、第47条の5に規定する紛争について、当該紛争の当事者の双方又は一方から調停の申請があつた場合において当該紛争の解決のために必要があると認めるときは、個別労働関係紛争の解決の促進に関する法律第6条第1項の紛争調整委員会に調停を行わせるものとする。 2　前条第2項の規定は、派遣労働者が前項の申請をした場合について準用する。 （調停） 第47条の8　雇用の分野における男女の均等な機会及び待遇の確保等に関する法律第19条、第20条第1項及び第21条から第26条までの規定は、前条第1項の調停の手続について準用する。この場合において、同法第19条第1項中「前条第1項」とあるのは「労働者派遣事業の適正な運営の確保及び派遣労働者の保護等に関する法律第47条の7第1項」と、同法第20条第1項中「関係当事者」とあるのは「関係当事者又は関係当事者と同一の事業所に雇用される労働者その他の参考人」と、同法第25条第1項中「第18条第1項」とあるのは「労働者派遣事業の適正な運営の確保及び派遣労働者の保護等に関する法律第47条の7第1項」と読み替えるものとする。 （厚生労働省令への委任） 第47条の9　この節に定めるもののほか、調停の手続に関し必要な事項は、厚生労働省令で定める。 第5章　雑則 （事業主団体等の責務）	（新設） （新設） （新設） （新設） （新設） （新設） 第4章　雑則 （事業主団体等の責務）

労働者派遣法

(下線部分は改正部分)

改正後

第47条の10 (略)
(指針)
第47条の11 厚生労働大臣は、第24条の3及び第3章第1節から第3節までの規定により派遣元事業主及び派遣先が講ずべき措置に関して、その適切かつ有効な実施を図るため必要な指針を公表するものとする。
(指導及び助言等)
第48条 厚生労働大臣は、この法律(第3章第4節の規定を除く。第49条の3第1項、第50条及び第51条第1項において同じ。)の施行に関し必要があると認めるときは、労働者派遣をする事業主及び労働者派遣の役務の提供を受ける者に対し、労働者派遣事業の適正な運営又は適正な派遣就業を確保するために必要な指導及び助言をすることができる。
2・3 (略)
(公表等)
第49条の2 厚生労働大臣は、労働者派遣の役務の提供を受ける者が、第4条第3項、第24条の2、<u>第26条第7項若しくは第10項</u>、<u>第40条第2項若しくは第3項</u>、第40条の2第1項、第4項若しくは第5項、第40条の3若しくは第40条の9第1項の規定に違反しているとき、又はこれらの規定に違反して第48条第1項の規定による指導若しくは助言を受けたにもかかわらずなおこれらの規定に違反するおそれがあると認めるときは、当該労働者派遣の役務の提供を受ける者に対し、第4条第3項、第24条の2、<u>第26条第7項若しくは第10項</u>、<u>第40条第2項若しくは第3項</u>、第40条の2第1項、第4項若しくは第5項、第40条の3若しくは第40条の9第1項の規定に違反する派遣就業を是正するために必要な措置又は当該派遣就業が行われることを防止するために必要な措置をとるべきことを勧告することができる。
2 (略)
第6章 罰則

改正前

第47条の4 (略)
(指針)
第47条の5 厚生労働大臣は、第24条の3及び<u>前章第</u>1節から第3節までの規定により派遣元事業主及び派遣先が講ずべき措置に関して、その適切かつ有効な実施を図るため必要な指針を公表するものとする。
(指導及び助言等)
第48条 厚生労働大臣は、この法律(<u>前章第4節の規定</u>を除く。第49条の3第1項、第50条及び第51条第1項において同じ。)の施行に関し必要があると認めるときは、労働者派遣をする事業主及び労働者派遣の役務の提供を受ける者に対し、労働者派遣事業の適正な運営又は適正な派遣就業を確保するために必要な指導及び助言をすることができる。
2・3 (略)
(公表等)
第49条の2 厚生労働大臣は、労働者派遣の役務の提供を受ける者が、第4条第3項、第24条の2、第40条の2第1項、第4項若しくは第5項、第40条の3若しくは第40条の9第1項の規定に違反しているとき、又はこれらの規定に違反して第48条第1項の規定による指導若しくは助言を受けたにもかかわらずなおこれらの規定に違反するおそれがあると認めるときは、当該労働者派遣の役務の提供を受ける者に対し、第4条第3項、第24条の2、第40条の2第1項、第4項若しくは第5項、第40条の3若しくは第40条の9第1項の規定に違反する派遣就業を是正するために必要な措置又は当該派遣就業が行われることを防止するために必要な措置をとるべきことを勧告することができる。
2 (略)
第5章 罰則

労働時間等の設定の改善に関する特別措置法（平成4年法律第90号）

（下線部分は改正部分）

改正後

目次
　第1章・第2章　（略）
　第3章　労働時間等の設定の改善の実施体制の整備等（第6条—第7条の2）
　第4章　（略）
　附則

（定義）
第1条の2　（略）

2　この法律において「労働時間等の設定」とは、労働時間、休日数、年次有給休暇を与える時季、深夜業の回数、終業から始業までの時間その他の労働時間等に関する事項を定めることをいう。

（事業主等の責務）
第2条　事業主は、その雇用する労働者の労働時間等の設定の改善を図るため、業務の繁閑に応じた労働者の始業及び終業の時刻の設定、健康及び福祉を確保するために必要な終業から始業までの時間の設定、年次有給休暇を取得しやすい環境の整備その他の必要な措置を講ずるように努めなければならない。

2・3　（略）

4　事業主は、他の事業主との取引を行う場合において、著しく短い期限の設定及び発注の内容の頻繁な変更を行わないこと、当該他の事業主の講ずる労働時間等の設定の改善に関する措置の円滑な実施を阻害することとなる取引条件を付けないこと等取引上必要な配慮をするように努めなければならない。

第3章　労働時間等の設定の改善の実施体制の整備等
（労働時間等設定改善委員会の決議に係る労働基準法の適用の特例）
第7条　前条に規定する委員会のうち事業場ごとのものであって次に掲げる要件に適合するもの（以下この条において「労働時間等設定改善委員会」という。）が設置されている場合において、労働時間等設定改善委員会でその委員の5分の4以上の多数による議決により労働基準法第32条の2第1項、第32条の3第1項（同条第2項及び第3項の規定により読み替えて適用する場合を含む。以下この条において同じ。）、第32条の4第1項及び第2項、第32条の5第1項、第34条第2項ただし書、第36条第1項、第2項及び第5項、第37条第3項、第38条の2第2項、第38条の3第1項並びに第39条第4項及び第6項の規定（これらの規定のうち、同法第32条の2第1項、第32条の3第1項、第32条の4第1項及び第2項並びに第36条第1項の規定にあっては労働者派遣事業の適正な運営の確保及び派遣労働者の保護等に関する法律（昭和60年法律第88号。以下この条に

改正前

目次
　第1章・第2章　（略）
　第3章　労働時間等の設定の改善の実施体制の整備等（第6条・第7条）
　第4章　（略）
　附則

（定義）
第1条の2　この法律において「労働時間等」とは、労働時間、休日及び年次有給休暇（労働基準法（昭和22年法律第49号）第39条の規定による年次有給休暇として与えられるものをいう。以下同じ。）その他の休暇をいう。

2　この法律において「労働時間等の設定」とは、労働時間、休日数、年次有給休暇を与える時季その他の労働時間等に関する事項を定めることをいう。

（事業主等の責務）
第2条　事業主は、その雇用する労働者の労働時間等の設定の改善を図るため、業務の繁閑に応じた労働者の始業及び終業の時刻の設定、年次有給休暇を取得しやすい環境の整備その他の必要な措置を講ずるように努めなければならない。

2・3　（略）

4　事業主は、他の事業主との取引を行う場合において、当該他の事業主の講ずる労働時間等の設定の改善に関する措置の円滑な実施を阻害することとなる取引条件を付けない等取引上必要な配慮をするように努めなければならない。

第3章　労働時間等の設定の改善の実施体制の整備等
（労働時間等設定改善委員会の決議に係る労働基準法の適用の特例等）
第7条　前条に規定する委員会のうち事業場ごとのものであって次に掲げる要件に適合するもの（以下この条において「労働時間等設定改善委員会」という。）が設置されている場合において、労働時間等設定改善委員会でその委員の5分の4以上の多数による議決により労働基準法第32条の2第1項、第32条の3、第32条の4第1項及び第2項、第32条の5第1項、第34条第2項ただし書、第36条第1項、第37条第3項、第38条の2第2項、第38条の3第1項並びに第39条第4項及び第6項の規定（これらの規定のうち、同法第32条の2第1項、第32条の3、第32条の4第1項及び第2項並びに第36条第1項の規定にあっては労働者派遣事業の適正な運営の確保及び派遣労働者の保護等に関する法律（昭和60年法律第88号。以下この項において「労働者派遣法」という。）第44条第2項の規定により読み替えて適用する場合を、労働基準法第38条の2第2項及び第38条

労働時間等設定改善法

（下線部分は改正部分）

改正後	改正前
おいて「労働者派遣法」という。）第44条第２項の規定により読み替えて適用する場合を、労働基準法第38条の２第２項及び第38条の３第１項の規定にあっては労働者派遣法第44条第５項の規定により読み替えて適用する場合を含む。以下この条において「労働時間に関する規定」という。）に規定する事項について決議が行われたときは、当該労働時間等設定改善委員会に係る事業場の使用者（労働基準法第10条に規定する使用者をいう。<u>次条において同じ。</u>）については、労働基準法第32条の２第１項中「協定」とあるのは「協定（労働時間等の設定の改善に関する特別措置法第<u>７</u>条に規定する労働時間等設定改善委員会の決議（第32条の４第２項及び第36条第<u>８</u>項において「決議」という。）を含む。次項、<u>次条第４項、</u>第32条の４第４項、第32条の５第３項、第36条第<u>８</u>項<u>及び第９項</u>、第38条の２第３項並びに第38条の３第２項を除き、以下同じ。）」と、同法第32条の４第２項中「同意」とあるのは「同意（決議を含む。）」と、同法第36条第<u>８</u>項中「代表する者」とあるのは「代表する者（決議をする委員を含む。次項において同じ。）」と、「当該協定」とあるのは「当該協定（当該決議を含む。）」として、労働時間に関する規定（同法第32条の４第３項<u>並びに第36条第３項、第４項及び第６項から第11項までの規定</u>を含む。）及び同法第106条第１項の規定を適用する。 一～三　（略） （削る）	の３第１項の規定にあっては労働者派遣法第44条第５項の規定により読み替えて適用する場合を含む。以下この項において「労働時間に関する規定」という。）に規定する事項について決議が行われたときは、当該労働時間等設定改善委員会に係る事業場の使用者（労働基準法第10条に規定する使用者をいう。）については、労働基準法第32条の２第１項中「協定」とあるのは「協定（労働時間等の設定の改善に関する特別措置法第７条第１項に規定する労働時間等設定改善委員会の決議（第32条の４第２項及び第36条第３項において「決議」という。）を含む。次項、第32条の４第４項、第32条の５第３項、第36条第３項及び第４項、第38条の２第３項並びに第38条の３第２項を除き、以下同じ。）」と、同法第32条の４第２項中「同意」とあるのは「同意（決議を含む。）」と、同法第36条第３項中「代表する者」とあるのは「代表する者（決議をする委員を含む。次項において同じ。）」と、「当該協定」とあるのは「当該協定（当該決議を含む。）」として、労働時間に関する規定（同法第32条の４第３項及び第36条第２項から第４項までの規定を含む。）及び同法第106条第１項の規定を適用する。 一　当該委員会の委員の半数については、当該事業場に、労働者の過半数で組織する労働組合がある場合においてはその労働組合、労働者の過半数で組織する労働組合がない場合においては労働者の過半数を代表する者の推薦に基づき指名されていること。 二　当該委員会の議事について、厚生労働省令で定めるところにより、議事録が作成され、かつ、保存されていること。 三　前二号に掲げるもののほか、厚生労働省令で定める要件 <u>２　労働時間等設定改善委員会が設置されていない事業場において、事業主が、当該事業場に、労働者の過半数で組織する労働組合がある場合においてはその労働組合、労働者の過半数で組織する労働組合がない場合においては労働者の過半数を代表する者との書面による協定により、労働安全衛生法（昭和47年法律第57号）第18条第１項の規定により設置された衛生委員会（同法第19条第１項の規定により設置された安全衛生委員会を含む。以下同じ。）であって次に掲げる要件に適合するものに、当該事業場における労働時間等の設定の改善に関する事項を調査審議させ、事業主に対して意見を述べさせることを定めたときは、当該衛生委員会を労働時間等設定改善委員会とみなして、前項の規定を適用する。</u> 一　当該衛生委員会の委員の半数については、<u>当該事業場に、労働者の過半数で組織する労働組合がある場合においてはその労働組合、労働者の過半数で組織する労働組合がない場合においては労働者の過半数を代表する者の推薦に基づき指名され</u>

— 106 —

(下線部分は改正部分)

改正後	改正前
	ていること。 二　当該衛生委員会の議事について、厚生労働省令で定めるところにより、議事録が作成され、かつ、保存されていること。 三　前二号に掲げるもののほか、厚生労働省令で定める要件
（労働時間等設定改善企業委員会の決議に係る労働基準法の適用の特例） 第7条の2　事業主は、事業場ごとに、当該事業場における労働時間等の設定の改善に関する事項について、労働者の過半数で組織する労働組合がある場合においてはその労働組合、労働者の過半数で組織する労働組合がない場合においては労働者の過半数を代表する者との書面による協定により、第6条に規定する委員会のうち全部の事業場を通じて一の委員会であって次に掲げる要件に適合するもの（以下この条において「労働時間等設定改善企業委員会」という。）に調査審議させ、事業主に対して意見を述べさせることを定めた場合であって、労働時間等設定改善企業委員会でその委員の5分の4以上の多数による議決により労働基準法第37条第3項並びに第39条第4項及び第6項に規定する事項について決議が行われたときは、当該協定に係る事業場の使用者については、同法第37条第3項中「協定」とあるのは、「協定（労働時間等の設定の改善に関する特別措置法第7条の2に規定する労働時間等設定改善企業委員会の決議を含む。第39条第4項及び第6項並びに第106条第1項において同じ。）」として、同項並びに同法第39条第4項及び第6項並びに第106条第1項の規定を適用する。 一　当該全部の事業場を通じて一の委員会の委員の半数については、当該事業主の雇用する労働者の過半数で組織する労働組合がある場合においてはその労働組合、当該労働者の過半数で組織する労働組合がない場合においては当該労働者の過半数を代表する者の推薦に基づき指名されていること。 二　当該全部の事業場を通じて一の委員会の議事について、厚生労働省令で定めるところにより、議事録が作成され、かつ、保存されていること。 三　前二号に掲げるもののほか、厚生労働省令で定める要件	（新設）

パートタイム労働法

短時間労働者の雇用管理の改善等に関する法律（平成5年法律第76号）
【短時間労働者及び有期雇用労働者の雇用管理の改善等に関する法律】

（下線部分は改正部分）

改正後	改正前
短時間労働者及び有期雇用労働者の雇用管理の改善等に関する法律 目次 　第1章　総則（第1条―第4条） 　第2章　短時間・有期雇用労働者対策基本方針（第5条） 　第3章　短時間・有期雇用労働者の雇用管理の改善等に関する措置等 　　第1節　雇用管理の改善等に関する措置（第6条―第18条） 　　第2節　事業主等に対する国の援助等（第19条―第21条） 　第4章　紛争の解決 　　第1節　紛争の解決の援助等（第22条―第24条） 　　第2節　調停（第25条―第27条） 　第5章　雑則（第28条―第31条） 　附則 第1章　総則 （目的） 第1条　この法律は、我が国における少子高齢化の進展、就業構造の変化等の社会経済情勢の変化に伴い、短時間・有期雇用労働者の果たす役割の重要性が増大していることに鑑み、短時間・有期雇用労働者について、その適正な労働条件の確保、雇用管理の改善、通常の労働者への転換の推進、職業能力の開発及び向上等に関する措置等を講ずることにより、通常の労働者との均衡のとれた待遇の確保等を図ることを通じて短時間・有期雇用労働者がその有する能力を有効に発揮することができるようにし、もってその福祉の増進を図り、あわせて経済及び社会の発展に寄与することを目的とする。 （定義） 第2条　この法律において「短時間労働者」とは、1週間の所定労働時間が同一の事業主に雇用される通常の労働者（当該事業主に雇用される通常の労働者と同種の業務に従事する当該事業主に雇用される労働者にあっては、厚生労働省令で定める場合を除き、当該労働者と同種の業務に従事する当該通常の労働者）の1週間の所定労働時間に比し短い労働者をいう。 2　この法律において「有期雇用労働者」とは、事業主と期間の定めのある労働契約を締結している労働者をいう。 3　この法律において「短時間・有期雇用労働者」とは、短時間労働者及び有期雇用労働者をいう。 （基本的理念） 第2条の2　短時間・有期雇用労働者及び短時間・有期雇用労働者になろうとする者は、生活との調和を保ちつつその意欲及び能力に応じて就業することができる機会が確保され、職業生活の充実が図られるように配慮されるものとする。	短時間労働者の雇用管理の改善等に関する法律 目次 　第1章　総則（第1条―第4条） 　第2章　短時間労働者対策基本方針（第5条） 　第3章　短時間労働者の雇用管理の改善等に関する措置等 　　第1節　雇用管理の改善等に関する措置（第6条―第18条） 　　第2節　事業主等に対する国の援助等（第19条―第21条） 　第4章　紛争の解決 　　第1節　紛争の解決の援助（第22条―第24条） 　　第2節　調停（第25条―第27条） 　第5章　雑則（第28条―第31条） 　附則 第1章　総則 （目的） 第1条　この法律は、我が国における少子高齢化の進展、就業構造の変化等の社会経済情勢の変化に伴い、短時間労働者の果たす役割の重要性が増大していることにかんがみ、短時間労働者について、その適正な労働条件の確保、雇用管理の改善、通常の労働者への転換の推進、職業能力の開発及び向上等に関する措置等を講ずることにより、通常の労働者との均衡のとれた待遇の確保等を図ることを通じて短時間労働者がその有する能力を有効に発揮することができるようにし、もってその福祉の増進を図り、あわせて経済及び社会の発展に寄与することを目的とする。 （定義） 第2条　この法律において「短時間労働者」とは、1週間の所定労働時間が同一の事業所に雇用される通常の労働者（当該事業所に雇用される通常の労働者と同種の業務に従事する当該事業所に雇用される労働者にあっては、厚生労働省令で定める場合を除き、当該労働者と同種の業務に従事する当該通常の労働者）の1週間の所定労働時間に比し短い労働者をいう。 （新設） （新設） （新設）

(下線部分は改正部分)

改正後

(事業主等の責務)
第3条　事業主は、その雇用する短時間・有期雇用労働者について、その就業の実態等を考慮して、適正な労働条件の確保、教育訓練の実施、福利厚生の充実その他の雇用管理の改善及び通常の労働者への転換(短時間・有期雇用労働者が雇用される事業所において通常の労働者として雇い入れられることをいう。以下同じ。)の推進(以下「雇用管理の改善等」という。)に関する措置等を講ずることにより、通常の労働者との均衡のとれた待遇の確保等を図り、当該短時間・有期雇用労働者がその有する能力を有効に発揮することができるように努めるものとする。

2　事業主の団体は、その構成員である事業主の雇用する短時間・有期雇用労働者の雇用管理の改善等に関し、必要な助言、協力その他の援助を行うように努めるものとする。

(国及び地方公共団体の責務)
第4条　国は、短時間・有期雇用労働者の雇用管理の改善等について事業主その他の関係者の自主的な努力を尊重しつつその実情に応じてこれらの者に対し必要な指導、援助等を行うとともに、短時間・有期雇用労働者の能力の有効な発揮を妨げている諸要因の解消を図るために必要な広報その他の啓発活動を行うほか、その職業能力の開発及び向上等を図る等、短時間・有期雇用労働者の雇用管理の改善等の促進その他その福祉の増進を図るために必要な施策を総合的かつ効果的に推進するように努めるものとする。

2　地方公共団体は、前項の国の施策と相まって、短時間・有期雇用労働者の福祉の増進を図るために必要な施策を推進するように努めるものとする。

第2章　短時間・有期雇用労働者対策基本方針
第5条　厚生労働大臣は、短時間・有期雇用労働者の福祉の増進を図るため、短時間・有期雇用労働者の雇用管理の改善等の促進、職業能力の開発及び向上等に関する施策の基本となるべき方針(以下この条において「短時間・有期雇用労働者対策基本方針」という。)を定めるものとする。

2　短時間・有期雇用労働者対策基本方針に定める事項は、次のとおりとする。
　一　短時間・有期雇用労働者の職業生活の動向に関する事項
　二　短時間・有期雇用労働者の雇用管理の改善等を促進し、並びにその職業能力の開発及び向上を図るために講じようとする施策の基本となるべき事項
　三　前二号に掲げるもののほか、短時間・有期雇用労働者の福祉の増進を図るために講じようとする施策の基本となるべき事項

3　短時間・有期雇用労働者対策基本方針は、短時間・有期雇用労働者の労働条件、意識及び就業の実態等を考慮して定められなければならない。

4　厚生労働大臣は、短時間・有期雇用労働者対策基本方針を定めるに当たっては、あらかじめ、労働政

改正前

(事業主等の責務)
第3条　事業主は、その雇用する短時間労働者について、その就業の実態等を考慮して、適正な労働条件の確保、教育訓練の実施、福利厚生の充実その他の雇用管理の改善及び通常の労働者への転換(短時間労働者が雇用される事業所において通常の労働者として雇い入れられることをいう。以下同じ。)の推進(以下「雇用管理の改善等」という。)に関する措置等を講ずることにより、通常の労働者との均衡のとれた待遇の確保等を図り、当該短時間労働者がその有する能力を有効に発揮することができるように努めるものとする。

2　事業主の団体は、その構成員である事業主の雇用する短時間労働者の雇用管理の改善等に関し、必要な助言、協力その他の援助を行うように努めるものとする。

(国及び地方公共団体の責務)
第4条　国は、短時間労働者の雇用管理の改善等について事業主その他の関係者の自主的な努力を尊重しつつその実情に応じてこれらの者に対し必要な指導、援助等を行うとともに、短時間労働者の能力の有効な発揮を妨げている諸要因の解消を図るために必要な広報その他の啓発活動を行うほか、その職業能力の開発及び向上等を図る等、短時間労働者の雇用管理の改善等の促進その他その福祉の増進を図るために必要な施策を総合的かつ効果的に推進するように努めるものとする。

2　地方公共団体は、前項の国の施策と相まって、短時間労働者の福祉の増進を図るために必要な施策を推進するように努めるものとする。

第2章　短時間労働者対策基本方針
第5条　厚生労働大臣は、短時間労働者の福祉の増進を図るため、短時間労働者の雇用管理の改善等の促進、職業能力の開発及び向上等に関する施策の基本となるべき方針(以下この条において「短時間労働者対策基本方針」という。)を定めるものとする。

2　短時間労働者対策基本方針に定める事項は、次のとおりとする。
　一　短時間労働者の職業生活の動向に関する事項
　二　短時間労働者の雇用管理の改善等を促進し、並びにその職業能力の開発及び向上を図るために講じようとする施策の基本となるべき事項
　三　前二号に掲げるもののほか、短時間労働者の福祉の増進を図るために講じようとする施策の基本となるべき事項

3　短時間労働者対策基本方針は、短時間労働者の労働条件、意識及び就業の実態等を考慮して定められなければならない。

4　厚生労働大臣は、短時間労働者対策基本方針を定めるに当たっては、あらかじめ、労働政策審議会の

(下線部分は改正部分)

改正後	改正前
策審議会の意見を聴かなければならない。 5　厚生労働大臣は、短時間・有期雇用労働者対策基本方針を定めたときは、遅滞なく、これを公表しなければならない。 6　前2項の規定は、短時間・有期雇用労働者対策基本方針の変更について準用する。 第3章　短時間・有期雇用労働者の雇用管理の改善等に関する措置等 　第1節　雇用管理の改善等に関する措置 （労働条件に関する文書の交付等） 第6条　事業主は、短時間・有期雇用労働者を雇い入れたときは、速やかに、当該短時間・有期雇用労働者に対して、労働条件に関する事項のうち労働基準法（昭和22年法律第49号）第15条第1項に規定する厚生労働省令で定める事項以外のものであって厚生労働省令で定めるもの（次項及び第14条第1項において「特定事項」という。）を文書の交付その他厚生労働省令で定める方法（次項において「文書の交付等」という。）により明示しなければならない。 2　（略） （就業規則の作成の手続） 第7条　（略） 2　前項の規定は、事業主が有期雇用労働者に係る事項について就業規則を作成し、又は変更しようとする場合について準用する。この場合において、「短時間労働者」とあるのは、「有期雇用労働者」と読み替えるものとする。 （不合理な待遇の禁止） 第8条　事業主は、その雇用する短時間・有期雇用労働者の基本給、賞与その他の待遇のそれぞれについて、当該待遇に対応する通常の労働者の待遇との間において、当該短時間・有期雇用労働者及び通常の労働者の業務の内容及び当該業務に伴う責任の程度（以下「職務の内容」という。）、当該職務の内容及び配置の変更の範囲その他の事情のうち、当該待遇の性質及び当該待遇を行う目的に照らして適切と認められるものを考慮して、不合理と認められる相違を設けてはならない。 （通常の労働者と同視すべき短時間・有期雇用労働者に対する差別的取扱いの禁止） 第9条　事業主は、職務の内容が通常の労働者と同一の短時間・有期雇用労働者（第11条第1項において「職務内容同一短時間・有期雇用労働者」という。）であって、当該事業所における慣行その他の事情からみて、当該事業主との雇用関係が終了するまでの全期間において、その職務の内容及び配置が当該通常の労働者の職務の内容及び配置の変更の範囲と同	意見を聴かなければならない。 5　厚生労働大臣は、短時間労働者対策基本方針を定めたときは、遅滞なく、これを公表しなければならない。 6　前2項の規定は、短時間労働者対策基本方針の変更について準用する。 第3章　短時間労働者の雇用管理の改善等に関する措置等 　第1節　雇用管理の改善等に関する措置 （労働条件に関する文書の交付等） 第6条　事業主は、短時間労働者を雇い入れたときは、速やかに、当該短時間労働者に対して、労働条件に関する事項のうち労働基準法（昭和22年法律第49号）第15条第1項に規定する厚生労働省令で定める事項以外のものであって厚生労働省令で定めるもの（次項及び第14条第1項において「特定事項」という。）を文書の交付その他厚生労働省令で定める方法（次項において「文書の交付等」という。）により明示しなければならない。 2　事業主は、前項の規定に基づき特定事項を明示するときは、労働条件に関する事項のうち特定事項及び労働基準法第15条第1項に規定する厚生労働省令で定める事項以外のものについても、文書の交付等により明示するように努めるものとする。 （就業規則の作成の手続） 第7条　事業主は、短時間労働者に係る事項について就業規則を作成し、又は変更しようとするときは、当該事業所において雇用する短時間労働者の過半数を代表すると認められるものの意見を聴くように努めるものとする。 （新設） （短時間労働者の待遇の原則） 第8条　事業主が、その雇用する短時間労働者の待遇を、当該事業所に雇用される通常の労働者の待遇と相違するものとする場合においては、当該待遇の相違は、当該短時間労働者及び通常の労働者の業務の内容及び当該業務に伴う責任の程度（以下「職務の内容」という。）、当該職務の内容及び配置の変更の範囲その他の事情を考慮して、不合理と認められるものであってはならない。 （通常の労働者と同視すべき短時間労働者に対する差別的取扱いの禁止） 第9条　事業主は、職務の内容が当該事業所に雇用される通常の労働者と同一の短時間労働者（第11条第1項において「職務内容同一短時間労働者」という。）であって、当該事業所における慣行その他の事情からみて、当該事業主との雇用関係が終了するまでの全期間において、その職務の内容及び配置が当該通常の労働者の職務の内容及び配置の変更の範

（下線部分は改正部分）

改正後	改正前
一の範囲で変更されることが見込まれるもの（次条及び同項において「通常の労働者と同視すべき短時間・有期雇用労働者」という。）については、短時間・有期雇用労働者であることを理由として、基本給、賞与その他の待遇のそれぞれについて、差別的取扱いをしてはならない。 （賃金） 第10条　事業主は、通常の労働者との均衡を考慮しつつ、その雇用する短時間・有期雇用労働者（通常の労働者と同視すべき短時間・有期雇用労働者を除く。次条第2項及び第12条において同じ。）の職務の内容、職務の成果、意欲、能力又は経験その他の就業の実態に関する事項を勘案し、その賃金（通勤手当その他の厚生労働省令で定めるものを除く。）を決定するように努めるものとする。 （教育訓練） 第11条　事業主は、通常の労働者に対して実施する教育訓練であって、当該通常の労働者が従事する職務の遂行に必要な能力を付与するためのものについては、職務内容同一短時間・有期雇用労働者（通常の労働者と同視すべき短時間・有期雇用労働者を除く。以下この項において同じ。）が既に当該職務に必要な能力を有している場合その他の厚生労働省令で定める場合を除き、職務内容同一短時間・有期雇用労働者に対しても、これを実施しなければならない。 2　事業主は、前項に定めるもののほか、通常の労働者との均衡を考慮しつつ、その雇用する短時間・有期雇用労働者の職務の内容、職務の成果、意欲、能力及び経験その他の就業の実態に関する事項に応じ、当該短時間・有期雇用労働者に対して教育訓練を実施するように努めるものとする。 （福利厚生施設） 第12条　事業主は、通常の労働者に対して利用の機会を与える福利厚生施設であって、健康の保持又は業務の円滑な遂行に資するものとして厚生労働省令で定めるものについては、その雇用する短時間・有期雇用労働者に対しても、利用の機会を与えなければならない。 （通常の労働者への転換） 第13条　事業主は、通常の労働者への転換を推進するため、その雇用する短時間・有期雇用労働者について、次の各号のいずれかの措置を講じなければならない。 　一　通常の労働者の募集を行う場合において、当該募集に係る事業所に掲示すること等により、その者が従事すべき業務の内容、賃金、労働時間その他の当該募集に係る事項を当該事業所において雇用する短時間・有期雇用労働者に周知すること。 　二　通常の労働者の配置を新たに行う場合において、当該配置の希望を申し出る機会を当該配置に係る事業所において雇用する短時間・有期雇用労働者に対して与えること。 　三　一定の資格を有する短時間・有期雇用労働者を対象とした通常の労働者への転換のための試験	囲と同一の範囲で変更されると見込まれるもの（次条及び同項において「通常の労働者と同視すべき短時間労働者」という。）については、短時間労働者であることを理由として、賃金の決定、教育訓練の実施、福利厚生施設の利用その他の待遇について、差別的取扱いをしてはならない。 （賃金） 第10条　事業主は、通常の労働者との均衡を考慮しつつ、その雇用する短時間労働者（通常の労働者と同視すべき短時間労働者を除く。次条第2項及び第12条において同じ。）の職務の内容、職務の成果、意欲、能力又は経験等を勘案し、その賃金（通勤手当、退職手当その他の厚生労働省令で定めるものを除く。）を決定するように努めるものとする。 （教育訓練） 第11条　事業主は、通常の労働者に対して実施する教育訓練であって、当該通常の労働者が従事する職務の遂行に必要な能力を付与するためのものについては、職務内容同一短時間労働者（通常の労働者と同視すべき短時間労働者を除く。以下この項において同じ。）が既に当該職務に必要な能力を有している場合その他の厚生労働省令で定める場合を除き、職務内容同一短時間労働者に対しても、これを実施しなければならない。 2　事業主は、前項に定めるもののほか、通常の労働者との均衡を考慮しつつ、その雇用する短時間労働者の職務の内容、職務の成果、意欲、能力及び経験等に応じ、当該短時間労働者に対して教育訓練を実施するように努めるものとする。 （福利厚生施設） 第12条　事業主は、通常の労働者に対して利用の機会を与える福利厚生施設であって、健康の保持又は業務の円滑な遂行に資するものとして厚生労働省令で定めるものについては、その雇用する短時間労働者に対しても、利用の機会を与えるように配慮しなければならない。 （通常の労働者への転換） 第13条　事業主は、通常の労働者への転換を推進するため、その雇用する短時間労働者について、次の各号のいずれかの措置を講じなければならない。 　一　通常の労働者の募集を行う場合において、当該募集に係る事業所に掲示すること等により、その者が従事すべき業務の内容、賃金、労働時間その他の当該募集に係る事項を当該事業所において雇用する短時間労働者に周知すること。 　二　通常の労働者の配置を新たに行う場合において、当該配置の希望を申し出る機会を当該配置に係る事業所において雇用する短時間労働者に対して与えること。 　三　一定の資格を有する短時間労働者を対象とした通常の労働者への転換のための試験制度を設ける

改正後	改正前
度を設けることその他の通常の労働者への転換を推進するための措置を講ずること。 **（事業主が講ずる措置の内容等の説明）** **第14条**　事業主は、短時間・有期雇用労働者を雇い入れたときは、速やかに、第8条から前条までの規定により措置を講ずべきこととされている事項（労働基準法第15条第1項に規定する厚生労働省令で定める事項及び特定事項を除く。）に関し講ずることとしている措置の内容について、当該短時間・有期雇用労働者に説明しなければならない。 2　事業主は、その雇用する短時間・有期雇用労働者から求めがあったときは、当該短時間・有期雇用労働者と通常の労働者との間の待遇の相違の内容及び理由並びに第6条から前条までの規定により措置を講ずべきこととされている事項に関する決定をするに当たって考慮した事項について、当該短時間・有期雇用労働者に説明しなければならない。 3　事業主は、短時間・有期雇用労働者が前項の求めをしたことを理由として、当該短時間・有期雇用労働者に対して解雇その他不利益な取扱いをしてはならない。 **（指針）** **第15条**　厚生労働大臣は、第6条から前条までに定める措置その他の第3条第1項の事業主が講ずべき雇用管理の改善等に関する措置等に関し、その適切かつ有効な実施を図るために必要な指針（以下この節において「指針」という。）を定めるものとする。 2　第5条第3項から第5項までの規定は指針の策定について、同条第4項及び第5項の規定は指針の変更について、それぞれ準用する。 **（相談のための体制の整備）** **第16条**　事業主は、短時間・有期雇用労働者の雇用管理の改善等に関する事項に関し、その雇用する短時間・有期雇用労働者からの相談に応じ、適切に対応するために必要な体制を整備しなければならない。 **（短時間・有期雇用管理者）** **第17条**　事業主は、常時厚生労働省令で定める数以上の短時間・有期雇用労働者を雇用する事業所ごとに、厚生労働省令で定めるところにより、指針に定める事項その他の短時間・有期雇用労働者の雇用管理の改善等に関する事項を管理させるため、短時間・有期雇用管理者を選任するように努めるものとする。 **（報告の徴収並びに助言、指導及び勧告等）** **第18条**　厚生労働大臣は、短時間・有期雇用労働者の雇用管理の改善等を図るため必要があると認めるときは、短時間・有期雇用労働者を雇用する事業主に対して、報告を求め、又は助言、指導若しくは勧告をすることができる。 2・3　（略）	ことその他の通常の労働者への転換を推進するための措置を講ずること。 **（事業主が講ずる措置の内容等の説明）** **第14条**　事業主は、短時間労働者を雇い入れたときは、速やかに、第9条から前条までの規定により措置を講ずべきこととされている事項（労働基準法第15条第1項に規定する厚生労働省令で定める事項及び特定事項を除く。）に関し講ずることとしている措置の内容について、当該短時間労働者に説明しなければならない。 2　事業主は、その雇用する短時間労働者から求めがあったときは、第6条、第7条及び第9条から前条までの規定により措置を講ずべきこととされている事項に関する決定をするに当たって考慮した事項について、当該短時間労働者に説明しなければならない。 （新設） **（指針）** **第15条**　厚生労働大臣は、第6条から前条までに定めるもののほか、第3条第1項の事業主が講ずべき雇用管理の改善等に関する措置等に関し、その適切かつ有効な実施を図るために必要な指針（以下この節において「指針」という。）を定めるものとする。 2　第5条第3項から第5項までの規定は指針の策定について、同条第4項及び第5項の規定は指針の変更について準用する。 **（相談のための体制の整備）** **第16条**　事業主は、短時間労働者の雇用管理の改善等に関する事項に関し、その雇用する短時間労働者からの相談に応じ、適切に対応するために必要な体制を整備しなければならない。 **（短時間雇用管理者）** **第17条**　事業主は、常時厚生労働省令で定める数以上の短時間労働者を雇用する事業所ごとに、厚生労働省令で定めるところにより、指針に定める事項その他の短時間労働者の雇用管理の改善等に関する事項を管理させるため、短時間雇用管理者を選任するように努めるものとする。 **（報告の徴収並びに助言、指導及び勧告等）** **第18条**　厚生労働大臣は、短時間労働者の雇用管理の改善等を図るため必要があると認めるときは、短時間労働者を雇用する事業主に対して、報告を求め、又は助言、指導若しくは勧告をすることができる。 2　厚生労働大臣は、第6条第1項、第9条、第11条第1項、第12条から第14条まで及び第16条の規定に違反している事業主に対し、前項の規定による勧告をした場合において、その勧告を受けた者がこれに従わなかったときは、その旨を公表することができる。

(下線部分は改正部分)

改正後	改正前
第2節　事業主等に対する国の援助等 （事業主等に対する援助） 第19条　国は、短時間・有期雇用労働者の雇用管理の改善等の促進その他その福祉の増進を図るため、短時間・有期雇用労働者を雇用する事業主、事業主の団体その他の関係者に対して、短時間・有期雇用労働者の雇用管理の改善等に関する事項についての相談及び助言その他の必要な援助を行うことができる。 （職業訓練の実施等） 第20条　国、都道府県及び独立行政法人高齢・障害・求職者雇用支援機構は、短時間・有期雇用労働者及び短時間・有期雇用労働者になろうとする者がその職業能力の開発及び向上を図ることを促進するため、短時間・有期雇用労働者、短時間・有期雇用労働者になろうとする者その他関係者に対して職業能力の開発及び向上に関する啓発活動を行うように努めるとともに、職業訓練の実施について特別の配慮をするものとする。 （職業紹介の充実等） 第21条　国は、短時間・有期雇用労働者になろうとする者がその適性、能力、経験、技能の程度等にふさわしい職業を選択し、及び職業に適応することを容易にするため、雇用情報の提供、職業指導及び職業紹介の充実等必要な措置を講ずるように努めるものとする。 第4章　紛争の解決 　第1節　紛争の解決の援助等 （苦情の自主的解決） 第22条　事業主は、第6条第1項、第8条、第9条、第11条第1項及び第12条から第14条までに定める事項に関し、短時間・有期雇用労働者から苦情の申出を受けたときは、苦情処理機関（事業主を代表する者及び当該事業所の労働者を代表する者を構成員とする当該事業所の労働者の苦情を処理するための機関をいう。）に対し当該苦情の処理を委ねる等その自主的な解決を図るように努めるものとする。 （紛争の解決の促進に関する特例） 第23条　前条の事項についての短時間・有期雇用労働者と事業主との間の紛争については、個別労働関係紛争の解決の促進に関する法律（平成13年法律第112号）第4条、第5条及び第12条から第19条までの規定は適用せず、次条から第27条までに定めるところによる。 （紛争の解決の援助） 第24条　（略） 2　事業主は、短時間・有期雇用労働者が前項の援助を求めたことを理由として、当該短時間・有期雇用	3　前2項に定める厚生労働大臣の権限は、厚生労働省令で定めるところにより、その一部を都道府県労働局長に委任することができる。 第2節　事業主等に対する国の援助等 （事業主等に対する援助） 第19条　国は、短時間労働者の雇用管理の改善等の促進その他その福祉の増進を図るため、短時間労働者を雇用する事業主、事業主の団体その他の関係者に対して、短時間労働者の雇用管理の改善等に関する事項についての相談及び助言その他の必要な援助を行うことができる。 （職業訓練の実施等） 第20条　国、都道府県及び独立行政法人高齢・障害・求職者雇用支援機構は、短時間労働者及び短時間労働者になろうとする者がその職業能力の開発及び向上を図ることを促進するため、短時間労働者、短時間労働者になろうとする者その他関係者に対して職業能力の開発及び向上に関する啓発活動を行うように努めるとともに、職業訓練の実施について特別の配慮をするものとする。 （職業紹介の充実等） 第21条　国は、短時間労働者になろうとする者がその適性、能力、経験、技能の程度等にふさわしい職業を選択し、及び職業に適応することを容易にするため、雇用情報の提供、職業指導及び職業紹介の充実等必要な措置を講ずるように努めるものとする。 第4章　紛争の解決 　第1節　紛争の解決の援助 （苦情の自主的解決） 第22条　事業主は、第6条第1項、第9条、第11条第1項及び第12条から第14条までに定める事項に関し、短時間労働者から苦情の申出を受けたときは、苦情処理機関（事業主を代表する者及び当該事業所の労働者を代表する者を構成員とする当該事業所の労働者の苦情を処理するための機関をいう。）に対し当該苦情の処理を委ねる等その自主的な解決を図るように努めるものとする。 （紛争の解決の促進に関する特例） 第23条　前条の事項についての短時間労働者と事業主との間の紛争については、個別労働関係紛争の解決の促進に関する法律（平成13年法律第112号）第4条、第5条及び第12条から第19条までの規定は適用せず、次条から第27条までに定めるところによる。 （紛争の解決の援助） 第24条　都道府県労働局長は、前条に規定する紛争に関し、当該紛争の当事者の双方又は一方からその解決につき援助を求められた場合には、当該紛争の当事者に対し、必要な助言、指導又は勧告をすることができる。 2　事業主は、短時間労働者が前項の援助を求めたことを理由として、当該短時間労働者に対して解雇そ

パートタイム労働法

(下線部分は改正部分)

改正後

労働者に対して解雇その他不利益な取扱いをしてはならない。

第2節　調停
（調停の委任）
第25条　（略）

2　前条第2項の規定は、短時間・有期雇用労働者が前項の申請をした場合について準用する。

（調停）
第26条　雇用の分野における男女の均等な機会及び待遇の確保等に関する法律（昭和47年法律第113号）第19条、第20条第1項及び第21条から第26条までの規定は、前条第1項の調停の手続について準用する。この場合において、同法第19条第1項中「前条第1項」とあるのは「短時間労働者及び有期雇用労働者の雇用管理の改善等に関する法律第25条第1項」と、同法第20条第1項中「関係当事者」とあるのは「関係当事者又は関係当事者と同一の事業所に雇用される労働者その他の参考人」と、同法第25条第1項中「第18条第1項」とあるのは「短時間労働者及び有期雇用労働者の雇用管理の改善等に関する法律第25条第1項」と読み替えるものとする。

第5章　雑則
（雇用管理の改善等の研究等）
第28条　厚生労働大臣は、短時間・有期雇用労働者がその有する能力を有効に発揮することができるようにするため、短時間・有期雇用労働者のその職域の拡大に応じた雇用管理の改善等に関する措置その他短時間・有期雇用労働者の雇用管理の改善等に関し必要な事項について、調査、研究及び資料の整備に努めるものとする。

改正前

の他不利益な取扱いをしてはならない。

第2節　調停
（調停の委任）
第25条　都道府県労働局長は、第23条に規定する紛争について、当該紛争の当事者の双方又は一方から調停の申請があった場合において当該紛争の解決のために必要があると認めるときは、個別労働関係紛争の解決の促進に関する法律第6条第1項の紛争調整委員会に調停を行わせるものとする。

2　前条第2項の規定は、短時間労働者が前項の申請をした場合について準用する。

（調停）
第26条　雇用の分野における男女の均等な機会及び待遇の確保等に関する法律（昭和47年法律第113号）第19条、第20条第1項及び第21条から第26条までの規定は、前条第1項の調停の手続について準用する。この場合において、同法第19条第1項中「前条第1項」とあるのは「短時間労働者の雇用管理の改善等に関する法律第25条第1項」と、同法第20条第1項中「関係当事者」とあるのは「関係当事者又は関係当事者と同一の事業所に雇用される労働者その他の参考人」と、同法第25条第1項中「第18条第1項」とあるのは「短時間労働者の雇用管理の改善等に関する法律第25条第1項」と読み替えるものとする。

第5章　雑則
（雇用管理の改善等の研究等）
第28条　厚生労働大臣は、短時間労働者がその有する能力を有効に発揮することができるようにするため、短時間労働者のその職域の拡大に応じた雇用管理の改善等に関する措置その他短時間労働者の雇用管理の改善等に関し必要な事項について、調査、研究及び資料の整備に努めるものとする。

労働契約法（平成19年法律第128号）

（下線部分は改正部分）

改正後	改正前
目次 　第1章　総則（第1条―第5条） 　第2章　労働契約の成立及び変更（第6条―第13条） 　第3章　労働契約の継続及び終了（第14条―第16条） 　第4章　期間の定めのある労働契約（第17条―第19条） 　第5章　雑則（第20条・第21条） 　附則 第4章　期間の定めのある労働契約 （削る） 第5章　雑則 （船員に関する特例） 第20条　（略） （適用除外） 第21条　（略）	目次 　第1章　総則（第1条―第5条） 　第2章　労働契約の成立及び変更（第6条―第13条） 　第3章　労働契約の継続及び終了（第14条―第16条） 　第4章　期間の定めのある労働契約（第17条―第20条） 　第5章　雑則（第21条・第22条） 　附則 第4章　期間の定めのある労働契約 （期間の定めがあることによる不合理な労働条件の禁止） 第20条　有期労働契約を締結している労働者の労働契約の内容である労働条件が、期間の定めがあることにより同一の使用者と期間の定めのない労働契約を締結している労働者の労働契約の内容である労働条件と相違する場合においては、当該労働条件の相違は、労働者の業務の内容及び当該業務に伴う責任の程度（以下この条において「職務の内容」という。）、当該職務の内容及び配置の変更の範囲その他の事情を考慮して、不合理と認められるものであってはならない。 第5章　雑則 （船員に関する特例） 第21条　（略） （適用除外） 第22条　（略）

同一労働同一賃金ガイドライン案

平成28年12月20日

1．前文

(目的)
○本ガイドライン案は、正規か非正規かという雇用形態にかかわらない均等・均衡待遇を確保し、同一労働同一賃金の実現に向けて策定するものである。同一労働同一賃金は、いわゆる正規雇用労働者（無期雇用フルタイム労働者）と非正規雇用労働者（有期雇用労働者、パートタイム労働者、派遣労働者）の間の不合理な待遇差の解消を目指すものである。

○もとより賃金等の処遇は労使によって決定されることが基本である。しかし、我が国においては正規雇用労働者と非正規雇用労働者の間には欧州と比較して大きな処遇差がある。政府としては、この問題の対処に当たり、同一労働同一賃金の考え方が広く普及しているといわれる欧州制度の実態も参考としながら検証した結果、それぞれの国の労働市場全体の構造に応じた政策とすることが重要との示唆を得た。

○我が国の場合、基本給をはじめ、賃金制度の決まり方が様々な要素が組み合わされている場合も多いため、同一労働同一賃金の実現に向けて、まずは、各企業において、職務や能力等の明確化とその職務や能力等と賃金等の待遇との関係を含めた処遇体系全体を労使の話し合いによって、それぞれ確認し、非正規雇用労働者を含む労使で共有することが肝要である。

○今後、各企業が職務や能力等の内容の明確化と、それに基づく公正な評価を推進し、それに則った賃金制度を、労使の話し合いにより、可能な限り速やかに構築していくことが、同一労働同一賃金の実現には望ましい。

○不合理な待遇差の解消に向けては、賃金のみならず、福利厚生、キャリア形成・能力開発などを含めた取組が必要であり、特に、能力開発機会の拡大は、非正規雇用労働者の能力・スキル開発により、生産性の向上と処遇改善につながるため、重要であることに留意すべきである。

○このような正規雇用労働者と非正規雇用労働者の間の不合理な待遇差の解消の取り組みを通じて、どのような雇用形態を選択しても納得が得られる処遇を受けられ、多様な働き方を自由に選択できるようにし、我が国から「非正規」という言葉を一掃することを目指すものである。

(ガイドライン案の趣旨)
○本ガイドライン案は、いわゆる正規雇用労働者と非正規雇用労働者との間で、待遇差が存在する場合に、いかなる待遇差が不合理なものであり、いかなる待遇差は不合理なものでないのかを示したものである。この際、典型的な事例として整理できるものについては、問題とならない例・問題となる例という形で具体例を付した。なお、具体例として整理されていない事例については、各社の労使で個別具体の事情に応じて議論していくことが望まれる。

○今後、この政府のガイドライン案をもとに、法改正の立案作業を進め、本ガイドライン案については、関係者の意見や改正法案についての国会審議を踏まえて、最終的に確定する。

○また、本ガイドライン案は、同一の企業・団体における、正規雇用労働者と非正規雇用労働者の間の不合理な待遇差を是正することを目的としているため、正規雇用労働者と非正規雇用労働者の間に実際に待遇差が存在する場合に参照されることを目的としている。このため、そもそも客観的に見て待遇差が存在しない場合については、本ガイドライン案は対象としていない。

２．有期雇用労働者及びパートタイム労働者
（１）基本給

①基本給について、労働者の職業経験・能力に応じて支給しようとする場合

> 基本給について、労働者の職業経験・能力に応じて支給しようとする場合、無期雇用フルタイム労働者と同一の職業経験・能力を蓄積している有期雇用労働者又はパートタイム労働者には、職業経験・能力に応じた部分につき、同一の支給をしなければならない。また、蓄積している職業経験・能力に一定の違いがある場合においては、その相違に応じた支給をしなければならない。

＜問題とならない例①＞
・基本給について労働者の職業経験・能力に応じて支給しているＡ社において、ある職業能力の向上のための特殊なキャリアコースを設定している。無期雇用フルタイム労働者であるＸは、このキャリアコースを選択し、その結果としてその職業能力を習得した。これに対し、パートタイム労働者であるＹは、その職業能力を習得していない。Ａ社は、その職業能力に応じた支給をＸには行い、Ｙには行っていない。

＜問題とならない例②＞
・Ｂ社においては、定期的に職務内容や勤務地変更がある無期雇用フルタイム労働者の総合職であるＸは、管理職となるためのキャリアコースの一環として、新卒採用後の数年間、店舗等において、職務内容と配置に変更のないパートタイム労働者であるＹのアドバイスを受けながらＹと同様の定型的な仕事に従事している。Ｂ社はＸに対し、キャリアコースの一環として従事させている定型的な業務における職業経験・能力に応じることなく、Ｙに比べ高額の基本給を支給している。

<問題とならない例③>
・C社においては、同じ職場で同一の業務を担当している有期雇用労働者であるXとYのうち、職業経験・能力が一定の水準を満たしたYを定期的に職務内容や勤務地に変更がある無期雇用フルタイム労働者に登用し、転換後の賃金を職務内容や勤務地に変更があることを理由に、Xに比べ高い賃金水準としている。

<問題とならない例④>
・D社においては、同じ職業経験・能力の無期雇用フルタイム労働者であるXとパートタイム労働者であるYがいるが、就業時間について、その時間帯や土日祝日か否かなどの違いにより、XとYに共通に適用される基準を設定し、時給（基本給）に差を設けている。

<問題となる例>
・基本給について労働者の職業経験・能力に応じて支給しているE社において、無期雇用フルタイム労働者であるXが有期雇用労働者であるYに比べて多くの職業経験を有することを理由として、Xに対して、Yよりも多額の支給をしているが、Xのこれまでの職業経験はXの現在の業務に関連性を持たない。

②基本給について、労働者の業績・成果に応じて支給しようとする場合

> 基本給について、労働者の業績・成果に応じて支給しようとする場合、無期雇用フルタイム労働者と同一の業績・成果を出している有期雇用労働者又はパートタイム労働者には、業績・成果に応じた部分につき、同一の支給をしなければならない。また、業績・成果に一定の違いがある場合においては、その相違に応じた支給をしなければならない。

<問題とならない例①>
・基本給の一部について労働者の業績・成果に応じて支給しているA社において、フルタイム労働者の半分の勤務時間のパートタイム労働者であるXに対し、無期雇用フルタイム労働者に設定されている販売目標の半分の数値に達した場合には、無期雇用フルタイム労働者が販売目標を達成した場合の半分を支給している。

<問題とならない例②>
・B社においては、無期雇用フルタイム労働者であるXは、パートタイム労働者であるYと同様の仕事に従事しているが、Xは生産効率や品質の目標値に対する責任を負っており、目標が未達の場合、処遇上のペナルティを課されている。一方、Yは、生産効率や品質の目標値の達成の責任を負っておらず、生産効率が低かったり、品質の目標値が未達の場合にも、処遇上のペナルティを課されていない。B社はXに対しYに比べ、ペナルティを課していることとのバランスに応じた高額の基本給を支給している。

＜問題となる例＞
・基本給の一部について労働者の業績・成果に応じて支給しているＣ社において、無期雇用フルタイム労働者が販売目標を達成した場合に行っている支給を、パートタイム労働者であるＸが無期雇用フルタイム労働者の販売目標に届かない場合には行っていない。

　（注）基本給とは別に、「手当」として、労働者の業績・成果に応じた支給を行おうとする場合も同様である。

③基本給について、労働者の勤続年数に応じて支給しようとする場合

> 基本給について、労働者の勤続年数に応じて支給しようとする場合、無期雇用フルタイム労働者と同一の勤続年数である有期雇用労働者又はパートタイム労働者には、勤続年数に応じた部分につき、同一の支給をしなければならない。また、勤続年数に一定の違いがある場合においては、その相違に応じた支給をしなければならない。

＜問題とならない例＞
・基本給について労働者の勤続年数に応じて支給しているＡ社において、有期雇用労働者であるＸに対し、勤続年数について当初の雇用契約開始時から通算して勤続年数を評価した上で支給している。

＜問題となる例＞
・基本給について労働者の勤続年数に応じて支給しているＢ社において、有期雇用労働者であるＸに対し、勤続年数について当初の雇用契約開始時から通算せず、その時点の雇用契約の期間のみの評価により支給している。

④昇給について、勤続による職業能力の向上に応じて行おうとする場合

> 昇給について、勤続による職業能力の向上に応じて行おうとする場合、無期雇用フルタイム労働者と同様に勤続により職業能力が向上した有期雇用労働者又はパートタイム労働者に、勤続による職業能力の向上に応じた部分につき、同一の昇給を行わなければならない。また、勤続による職業能力の向上に一定の違いがある場合においては、その相違に応じた昇給を行わなければならない。

（注）無期雇用フルタイム労働者と有期雇用労働者又はパートタイム労働者の間に基本給や各種手当といった賃金に差がある場合において、その要因として無期雇用フルタイム労働者と有期雇用労働者又はパートタイム労働者の賃金の決定基準・ルールの違いがあるときは、「無期雇用フルタイム労働者と有期雇用労働者又はパートタイム労働者は将来の役割期待が異なるため、賃金の決定基準・ルールが異なる」という主観的・抽象的説明では足りず、賃金の決定基準・ルールの違いについて、職務内容、職務内容・配置の変更範囲、その他の事情の客観的・具体的な実態に照らして不合理なものであってはならない。

　また、無期雇用フルタイム労働者と定年後の継続雇用の有期雇用労働者の間の賃金差については、実際に両者の間に職務内容、職務内容・配置の変更範囲、その他の事情の違いがある場合は、その違いに応じた賃金差は許容される。なお、定年後の継続雇用において、退職一時金及び企業年金・公的年金の支給、定年後の継続雇用における給与の減額に対応した公的給付がなされていることを勘案することが許容されるか否かについては、今後の法改正の検討過程を含め、検討を行う。

（２）手当

①賞与について、会社の業績等への貢献に応じて支給しようとする場合

> 賞与について、会社の業績等への貢献に応じて支給しようとする場合、無期雇用フルタイム労働者と同一の貢献である有期雇用労働者又はパートタイム労働者には、貢献に応じた部分につき、同一の支給をしなければならない。また、貢献に一定の違いがある場合においては、その相違に応じた支給をしなければならない。

＜問題とならない例①＞
・賞与について、会社の業績等への貢献に応じた支給をしているＡ社において、無期雇用フルタイム労働者であるＸと同一の会社業績への貢献がある有期雇用労働者であるＹに対して、Ｘと同一の支給をしている。

＜問題とならない例②＞
・Ｂ社においては、無期雇用フルタイム労働者であるＸは、生産効率や品質の目標値に対する責任を負っており、目標が未達の場合、処遇上のペナルティを課されている。一方、無期雇用フルタイム労働者であるＹや、有期雇用労働者であるＺは、生産効率や品質の目標値の達成の責任を負っておらず、生産効率が低かったり、品質の目標値が未達の場合にも、処遇上のペナルティを課されていない。Ｂ社はＸに対して賞与を支給しているが、ＹやＺに対しては、ペナルティを課していないこととの見合いの範囲内で、支給していない。

＜問題となる例①＞
・賞与について、会社の業績等への貢献に応じた支給をしているＣ社において、無期雇用フルタイム労働者であるＸと同一の会社業績への貢献がある有期雇用労働者であるＹに対して、Ｘと同一の支給をしていない。

＜問題となる例②＞
・賞与について、Ｄ社においては、無期雇用フルタイム労働者には職務内容や貢献等にかかわらず全員に支給しているが、有期雇用労働者又はパートタイム労働者には支給していない。

②役職手当について、役職の内容、責任の範囲・程度に対して支給しようとする場合

> 役職手当について、役職の内容、責任の範囲・程度に対して支給しようとする場合、無期雇用フルタイム労働者と同一の役職・責任に就く有期雇用労働者又はパートタイム労働者には、同一の支給をしなければならない。また、役職の内容、責任に一定の違いがある場合においては、その相違に応じた支給をしなければならない。

＜問題とならない例①＞
・役職手当について役職の内容、責任の範囲・程度に対して支給しているA社において、無期雇用フルタイム労働者であるXと同一の役職名（例：店長）で役職の内容・責任も同一である役職に就く有期雇用労働者であるYに、同一の役職手当を支給している。

＜問題とならない例②＞
・役職手当について役職の内容、責任の範囲・程度に対して支給しているB社において、無期雇用フルタイム労働者であるXと同一の役職名（例：店長）で役職の内容・責任も同じ（例：営業時間中の店舗の適切な運営）である役職に就く有期雇用パートタイム労働者であるYに、時間比例の役職手当（例えば、労働時間がフルタイム労働者の半分のパートタイム労働者には、フルタイム労働者の半分の役職手当）を支給している。

＜問題となる例＞
・役職手当について役職の内容、責任の範囲・程度に対して支給しているC社において、無期雇用フルタイム労働者であるXと同一の役職名（例：店長）で役職の内容・責任も同一である役職に就く有期雇用労働者であるYに、Xに比べて低額の役職手当を支給している。

③業務の危険度又は作業環境に応じて支給される特殊作業手当

> 無期雇用フルタイム労働者と同一の危険度又は作業環境の業務に当たる有期雇用労働者又はパートタイム労働者には同一の支給をしなければならない。

④交替制勤務など勤務形態に応じて支給される特殊勤務手当

> 無期雇用フルタイム労働者と同一の勤務形態で業務に当たる有期雇用労働者又はパートタイム労働者には同一の支給をしなければならない。

＜問題とならない例①＞
・A社においては、無期雇用フルタイム労働者・有期雇用労働者・パートタイム労働者の別を問わず、勤務曜日・時間を特定して勤務する労働者については、採用が難しい曜日（土日祝祭日）や時間帯（早朝・深夜）の時給を上乗せして支給するが、それ以外の労働者にはそのような上乗せ支給はしない。

＜問題とならない例②＞
・B社においては、無期雇用フルタイム労働者であるXは、入社に当たり、交替制勤務に従事することは必ずしも確定しておらず、生産の都合等に応じて通常勤務に従事することもあれば、交替制勤務に従事することもあり、交替制勤務に従事した場合に限り特殊勤務手当が支給されている。パートタイム労働者であるYは、採用に当たり、交替制勤務に従事することが明確にされた上で入社し、無期雇用フルタイム労働者に支給される特殊勤務手当と同一の交替制勤務の負荷分が基本給に盛り込まれており、実際に通常勤務のみに従事するパートタイム労働者に比べ高い基本給が支給されている。Xには特殊勤務手当が支給されているが、Yには支給されていない。

⑤精皆勤手当

> 無期雇用フルタイム労働者と業務内容が同一の有期雇用労働者又はパートタイム労働者には同一の支給をしなければならない。

＜問題とならない例＞
・A社においては、考課上、欠勤についてマイナス査定を行い、かつ、処遇反映を行っている無期雇用フルタイム労働者であるXには、一定の日数以上出勤した場合に精皆勤手当を支給するが、考課上、欠勤についてマイナス査定を行っていない有期雇用労働者であるYには、マイナス査定を行っていないこととの見合いの範囲内で、精皆勤手当を支給していない。

⑥時間外労働手当

> 無期雇用フルタイム労働者の所定労働時間を超えて同一の時間外労働を行った有期雇用労働者又はパートタイム労働者には、無期雇用フルタイム労働者の所定労働時間を超えた時間につき、同一の割増率等で支給をしなければならない。

⑦深夜・休日労働手当

> 無期雇用フルタイム労働者と同一の深夜・休日労働を行った有期雇用労働者又はパートタイム労働者には、同一の割増率等で支給をしなければならない。

＜問題とならない例＞
・A社においては、無期雇用フルタイム労働者であるXと同じ時間、深夜・休日労働を行ったパートタイム労働者であるYに、同一の深夜・休日労働手当を支給している。

＜問題となる例＞
・B社においては、無期雇用フルタイム労働者であるXと同じ時間、深夜・休日労働を行ったパートタイム労働者であるYに、勤務時間が短いことから、深夜・休日労働手当の単価もフルタイム労働者より低くしている。

⑧通勤手当・出張旅費

> 有期雇用労働者又はパートタイム労働者にも、無期雇用フルタイム労働者と同一の支給をしなければならない。

＜問題とならない例①＞
・A社においては、採用圏を限定していない無期雇用フルタイム労働者については、通勤手当は交通費実費の全額を支給している。他方、採用圏を近隣に限定しているパートタイム労働者であるXが、その後、本人の都合で圏外へ転居した場合には、圏内の公共交通機関の費用の限りにおいて、通勤手当の支給を行っている。

＜問題とならない例②＞
・B社においては、所定労働日数が多い（週4日以上）無期雇用フルタイム労働者、有期雇用労働者又はパートタイム労働者には、月額の定期代を支給するが、所定労働日数が少ない（週3日以下）又は出勤日数が変動する有期雇用労働者又はパートタイム労働者には日額の交通費を支給している。

⑨勤務時間内に食事時間が挟まれている労働者に対する食費の負担補助として支給する食事手当

> 有期雇用労働者又はパートタイム労働者にも、無期雇用フルタイム労働者と同一の支給をしなければならない。

＜問題とならない例＞
- Ａ社においては、昼食時間帯を挟んで勤務している無期雇用フルタイム労働者であるＸに支給している食事手当を、午後２時から５時までの勤務時間のパートタイム労働者であるＹには支給していない。

＜問題となる例＞
- Ｂ社においては、無期雇用フルタイム労働者であるＸには、高額の食事手当を支給し、有期雇用労働者であるＹには低額の食事手当を支給している。

⑩単身赴任手当

> 無期雇用フルタイム労働者と同一の支給要件を満たす有期雇用労働者又はパートタイム労働者には、同一の支給をしなければならない。

⑪特定の地域で働く労働者に対する補償として支給する地域手当

> 無期雇用フルタイム労働者と同一の地域で働く有期雇用労働者又はパートタイム労働者には、同一の支給をしなければならない。

＜問題とならない例＞
- Ａ社においては、無期雇用フルタイム労働者であるＸには全国一律の基本給体系である一方、転勤があることから、地域の物価等を勘案した地域手当を支給しているが、有期雇用労働者であるＹとパートタイム労働者であるＺには、それぞれの地域で採用、それぞれの地域で基本給を設定しており、その中で地域の物価が基本給に盛り込まれているため、地域手当は支給していない。

＜問題となる例＞
- Ｂ社においては、無期雇用フルタイム労働者であるＸと有期雇用労働者であるＹはいずれも全国一律の基本給体系であり、かつ、いずれも転勤があるにもかかわらず、Ｙには地域手当を支給していない。

（3）福利厚生

①福利厚生施設（食堂、休憩室、更衣室）

> 無期雇用フルタイム労働者と同一の事業場で働く有期雇用労働者又はパートタイム労働者には、同一の利用を認めなければならない。

②転勤者用社宅

> 無期雇用フルタイム労働者と同一の支給要件（転勤の有無、扶養家族の有無、住宅の賃貸、収入の額など）を満たす有期雇用労働者又はパートタイム労働者には、同一の利用を認めなければならない。

③慶弔休暇、健康診断に伴う勤務免除・有給保障

> 有期雇用労働者又はパートタイム労働者にも、無期雇用フルタイム労働者と同一の付与をしなければならない。

＜問題とならない例＞
・A社においては、慶弔休暇について、無期雇用フルタイム労働者であるXと同様の出勤日が設定されているパートタイム労働者であるYに対しては、無期雇用フルタイム労働者と同様に付与しているが、週2日の短日勤務のパートタイム労働者であるZに対しては、勤務日の振替での対応を基本としつつ、振替が困難な場合のみ慶弔休暇を付与している。

④病気休職

> 無期雇用パートタイム労働者には、無期雇用フルタイム労働者と同一の付与をしなければならない。また、有期雇用労働者にも、労働契約の残存期間を踏まえて、付与をしなければならない。

＜問題とならない例＞
・A社においては、契約期間が1年である有期雇用労働者であるXに対し、病気休職の期間は契約期間の終了日までとしている。

⑤法定外年休・休暇（慶弔休暇を除く）について、勤続期間に応じて認めている場合

> 法定外年休・休暇（慶弔休暇を除く）について、勤続期間に応じて認めている場合、無期雇用フルタイム労働者と同一の勤続期間である有期雇用労働者又はパートタイム労働者には、同一の付与をしなければならない。なお、有期労働契約を更新している場合には、当初の契約期間から通算した期間を勤続期間として算定することを要する。

＜問題とならない例＞
・Ａ社においては、長期勤続者を対象とするリフレッシュ休暇について、業務に従事した時間全体を通じた貢献に対する報償の趣旨で付与していることから、無期雇用フルタイム労働者であるＸに対し勤続１０年で３日、２０年で５日、３０年で７日という休暇を付与しており、無期雇用パートタイム労働者であるＹに対して、労働時間に比例した日数を付与している。

（4）その他

①教育訓練について、現在の職務に必要な技能・知識を習得するために実施しようとする場合

> 教育訓練について、現在の職務に必要な技能・知識を習得するために実施しようとする場合、無期雇用フルタイム労働者と同一の職務内容である有期雇用労働者又はパートタイム労働者には、同一の実施をしなければならない。また、職務の内容、責任に一定の違いがある場合においては、その相違に応じた実施をしなければならない。

②安全管理に関する措置・給付

> 無期雇用フルタイム労働者と同一の業務環境に置かれている有期雇用労働者又はパートタイム労働者には、同一の支給をしなければならない。

3．派遣労働者

　派遣元事業者は、派遣先の労働者と職務内容、職務内容・配置の変更範囲、その他の事情が同一である派遣労働者に対し、その派遣先の労働者と同一の賃金の支給、福利厚生、教育訓練の実施をしなければならない。また、職務内容、職務内容・配置の変更範囲、その他の事情に一定の違いがある場合において、その相違に応じた賃金の支給、福利厚生、教育訓練の実施をしなければならない。

<留意事項>

　ここでいう「無期雇用フルタイム労働者」とは、いわゆる「正社員」を含む無期雇用フルタイム労働者全体を念頭においている。

【参考海外判例】
　本ガイドライン案の策定に当たっては、欧州での法律の運用実態の把握を行った。本ガイドライン案の内容を構成するものではないが、参考までに、本ガイドラインの各項目に関連する海外判例を以下に列記する。

２．有期雇用労働者及びパートタイム労働者
(1) 基本給
① 基本給について、労働者の職業経験・能力に応じて支給しようとする場合に関連するもの
　　(a) 職業能力向上のための特殊なキャリアコースで経験を積み昇進してきている労働者とそうでない労働者とは、同一の状況にあるとはいえない。（Cass.soc. 3.5.2006, n.03-42920（フランス））
　　(b) 前職での職業経験の違いは、当該ポストの要請や実際に求められる責任と関連性をもつ場合にのみ、賃金の違いを正当化しうる。（Cass.soc. 11.1.2012, n.10-19438, inedit（フランス））
　　(c) 待遇差を正当化するためには、使用者側が資格・経験等を証明する必要がある。（BAG vom 18.3.2014 - 9AZR 694/12（ドイツ））

② 基本給について、労働者の業績・成果に応じて支給しようとする場合に関連するもの
　　(d) ハーフタイム労働者にはフルタイム労働者の半分の目標数値に到達したことをもって半分の手当が支給されなければならない。（Cass.soc. 4.12.1990, n.87-42341（フランス））

③ 基本給について、労働者の勤続年数に応じて支給しようとする場合に関連するもの
　　(e) 仮に両者が同じ格付けで同じ職務に就いていたとしても、当該企業への在職期間（勤続年数）の違いを考慮して、賃金の支給額は異なるものとされうる。（Cass.soc. 17.5.2010, n.08-43135（フランス））

(2) 手当
① 賞与について、会社の業績等への貢献に応じて支給しようとする場合に関連するもの
　　(f) 労働者の過去の貢献に報いる功労報償的な性格をもつ特別手当（賞与）について、有期契約労働者に対しても、その貢献の割合に応じて手当を支給すべき。（BAG vom 28.3.2007 - 10 AZR 261/06 (NZA 2007, 687)（ドイツ））

⑨ 勤務時間内に食事時間が挟まれている労働者に対する食費の負担補助として支給する食事手当に関連するもの
　　(g) 食事手当の金額の差異は、職務上のカテゴリー（幹部職員／非幹部職員）の違いだけでは正当化されない。（Cass.soc. 15.10.2014, n.13-18006（フランス））

3．派遣労働者
(h) 派遣労働者は、派遣先の無期契約労働者に付与されるのと同様の食券を付与される権利を有する。(Cass.soc. 14.2.2007, n.05-42037（フランス）)

働き方改革を推進するための関係法律の整備に関する法律案に対する附帯決議

平成30年5月25日
衆議院厚生労働委員会

　政府は、本法の施行に当たり、次の事項について適切な措置を講ずるべきである。

1　働き過ぎによる過労死等を防止するため、労働基準監督署による違法な長時間労働に対する指導監督を徹底すること。また、時間外労働の原則は、月45時間、年360時間までとされていることを踏まえ、労使で協定を締結して臨時的にこの原則を超えて労働する場合についても、できる限り時間外労働が短く、また、休日労働が抑制されるよう、指針に基づく助言及び指導を適切に行うこと。

2　時間外労働の上限規制の適用が猶予される業務について、当該業務特有の事情を踏まえたきめ細かな取組を省庁横断的に実施して労働時間の短縮を図り、上限規制の適用に向けた環境の整備を進めること。特に、自動車運転業務については、長時間労働の実態があることに留意し、改正法施行後5年後の特例適用までの間、過労死の発生を防止する観点から改善基準告示の見直しを行うなど必要な施策の検討を進めること。

3　労働基準監督署においては、重大・悪質な法令違反について厳正に対処するとともに、労働基準関係法令が十分に理解されていないことに伴う法令違反も多数存在していること等を踏まえ、事業主に対する法令の一層の周知に取り組むとともに、丁寧な助言指導等を行うことにより、事業主の理解の下、自主的な法令遵守が進むよう努めること。

4　中小企業・小規模事業者における働き方改革の確実な推進を図る観点から、その多様な労働実態や人材確保の状況、取引の実情その他の事情を早急に把握するとともに、その結果を踏まえて、長時間労働の是正や非正規雇用労働者の待遇改善に向けた賃金・設備投資・資金の手当てを支援するため、予算・税制・金融を含めた支援措置の拡充に向けた検討に努め、規模や業態に応じたきめ細かな対策を講ずること。併せて、新設される規定に基づき、下請企業等に対して著しく短い納期の設定や発注内容の頻繁な変更を行わないことを徹底すること。

5　地域の実情に即した働き方改革を進めるため、新設される規定に基づき、地方公共団体、中小企業団体をはじめとする使用者団体、労働者団体その他の関係者を構成員として設置される

協議会その他のこれらの者の間の連携体制の効果的な運用を図ること。その際、いわゆる「地方版政労使会議」など、各地域で積み上げてきた行政と労使の連携の枠組みを活用し、働き方改革の実が上がるよう、努めること。

6 医師の働き方改革については、応召義務等の特殊性を踏まえ、長時間労働等の勤務実態を十分考慮しつつ、地域における医療提供体制全体の在り方に対する視点も大切にしながら検討を進めること。

7 勤務間インターバルは、働く方の生活時間や睡眠時間を確保し、健康な生活を送るために重要であり、好事例の普及や労務管理に係るコンサルティングの実施等により、各事業場の実情に応じた形で導入が進むよう、その環境整備に努めること。

8 裁量労働制の労働者や管理監督者を含め、全ての労働者の健康確保が適切に行われるよう、労働時間の状況の的確な把握、長時間労働者に対する医師による面接指導及びその結果を踏まえた適切な措置が円滑かつ着実に実施されるようにするとともに、小規模事業場における産業保健機能の強化を図るための検討を行い、必要な措置を講ずること。

9 高度プロフェッショナル制度の対象となる労働者の健康確保を図るため、労働基準監督署は、使用者に対して、働く時間帯の選択や時間配分に関する対象労働者の裁量を失わせるような過大な業務を課した場合や、新設される規定に基づき対象労働者が同意を撤回した場合には制度が適用されないことを徹底するとともに、法定の健康確保措置の確実な実施に向けた指導監督を適切に行うこと。また、改正法施行後、速やかに制度運用の実態把握を行い、その結果に基づき、必要な措置を講ずること。

10 裁量労働制について、労働時間の状況や労使委員会の運用状況等、現行制度の施行状況をしっかりと把握した上で、制度の趣旨に適った対象業務の範囲や働く方の裁量と健康を確保する方策等について、労働政策審議会において検討を行い、その結論に応じて所要の措置を講ずること。

11 管理監督者など労働基準法第41条各号に該当する労働者の実態について調査するものとすること。

12 今回のパートタイム労働法等の改正は、同一企業・団体におけるいわゆる正規雇用労働者と非正規雇用労働者の間の不合理な待遇差の解消を目指すものであるということを、中小企業・小規模事業者や非正規雇用労働者の理解を得るよう、丁寧に周知・説明を行うこと。

働き方改革を推進するための関係法律の整備に関する法律案に対する附帯決議

平成30年6月28日
参議院厚生労働委員会

政府は、本法の施行に当たり、次の事項について適切な措置を講ずるべきである。

1 労働時間の基本原則は、労働基準法第32条に規定されている「1日8時間、週40時間以内」であって、その法定労働時間の枠内で働けば、労働基準法第1条が規定する「人たるに値する生活を営む」ことのできる労働条件が実現されることを再確認し、本法に基づく施策の推進と併せ、政府の雇用・労働政策の基本としてその達成に向けた努力を継続すること。

2 働き過ぎによる過労死等を防止するため、労使合意に基づいて法定労働時間を超えて仕事をすることができる時間外労働時間の上限については、時間外労働の上限規制が適用される業務だけでなく、適用猶予後の自動車の運転業務や建設事業等についても、時間外労働の原則的上限は月45時間、年360時間であり、労使は36協定を締結するに際して全ての事業場がまずはその原則水準内に収める努力をすべきであること、休日労働は最小限に抑制すべきことについて指針に明記し、当該労使に周知徹底を図るとともに、とりわけ中小企業に対し、その達成に向けた労使の取組を政府として適切に支援すること。

3 労使が年720時間までの特例に係る協定を締結するに当たっては、それがあくまで通常予見できない等の臨時の事態への特例的な対応であるべきこと、安易な特例の活用は長時間労働の削減を目指す本法の趣旨に反するもので、具体的な事由を挙げず、単に「業務の都合上必要なとき」又は「業務上やむを得ないとき」と定めるなど恒常的な長時間労働を招くおそれがあるもの等については特例が認められないこと、特例に係る協定を締結する場合にも可能な限り原則水準に近い時間外労働時間とすべきであることを指針等で明確化し、周知徹底するとともに、都道府県労働局及び労働基準監督署において必要な助言指導を実施すること。

4 特例的延長の場合においては、時間外労働時間の設定次第では4週間で最大160時間までの時間外労働が可能であり、そのような短期に集中して時間外労働を行わせることは望ましくないことを周知徹底すること。

5　事業主は、特例の上限時間内であってもその雇用する労働者への安全配慮義務を負うこと、また、脳・心臓疾患の労災認定基準においては発症前1箇月間の時間外・休日労働がおおむね100時間超又は発症前2箇月間から6箇月間の月平均時間外・休日労働がおおむね80時間超の場合に業務と発症との関連性が強いと評価されることに留意するよう指針に定め、その徹底を図ること。

6　時間外労働時間の上限規制が5年間、適用猶予となる自動車運転業務、建設事業、医師については、その適用猶予期間においても時間外労働時間の削減に向けた実効性ある取組を関係省庁及び関係団体等の連携・協力を強化しつつ、推し進めること。

7　自動車運転業務の上限規制については、5年の適用猶予後の時間外労働時間の上限が休日を含まず年960時間という水準に設定されるが、現状において過労死や精神疾患などの健康被害が最も深刻であり、かつそのために深刻な人手不足に陥っている運輸・物流産業の現状にも鑑み、決して物流を止めてはいけないという強い決意の下、できるだけ早期に一般則に移行できるよう、関係省庁及び関係労使や荷主等を含めた協議の場における議論を加速し、猶予期間においても、実効性ある実労働時間及び拘束時間削減策を講ずること。また、5年の適用猶予後に一般則の適用に向けた検討を行うに当たっては、一般則の全ての規定を直ちに全面的に適用することが困難な場合であっても、一部の規定又は一部の事業・業務についてだけでも先行的に適用することを含め検討すること。

8　自動車運転業務については、過労死等の防止の観点から、「自動車運転者の労働時間等の改善のための基準」の総拘束時間等の改善について、関係省庁と連携し、速やかに検討を開始すること。また、改善基準告示の見直しに当たっては、トラック運転者について、早朝・深夜の勤務、交代制勤務、宿泊を伴う勤務など多様な勤務実態や危険物の配送などその業務の特性を十分に踏まえて、労働政策審議会において検討し、勤務実態等に応じた基準を定めること。

9　改正労働基準法第140条第1項の遵守に向けた環境を整備するため、荷主の理解と協力を確保するための施策を強力に講ずるなど、取引環境の適正化や労働生産性の向上等の長時間労働是正に向けた環境整備に資する実効性ある具体的取組を速やかに推進すること。

10　医師の働き方改革については、応召義務等の特殊性を踏まえ、長時間労働等の勤務実態を十分考慮しつつ、地域における医療提供体制全体の在り方や医師一人一人の健康確保に関する視点を大切にしながら検討を進めること。

11　教員の働き方改革については、教員の厳しい勤務実態や学校現場の特性を踏まえつつ、ＩＣＴやタイムカード等による勤務時間の客観的な把握等適正な勤務時間管理の徹底、労働安全衛生法に規定された衛生委員会の設置及び長時間勤務者に対する医師の面接指導など、長時間勤務の解消に向けた施策を推進すること。また、学校における36協定の締結・届出等及び時間外労働の上限規制等の法令遵守の徹底を図ること。

12　本法による長時間労働削減策の実行に併せ、事業主が個々の労働者の労働時間の状況の把握を徹底し、かつその適正な記録と保存、労働者の求めに応じた労働時間情報の開示を推奨することなど、実効性ある改善策を講じていくこと。

13　本法において努力義務化された勤務間インターバル制度について、労働者の健康の保持や仕事と生活の調和を図るために有効な制度であることに鑑み、好事例の普及や労務管理に係るコンサルティングの実施等、その導入促進に向けた具体的な支援策の展開を早急に実施するとともに、次回の見直しにおいて義務化を実現することも目指して、そのための具体的な実態調査及び研究等を行うこと。なお、1日当たりの休息時間を設定するに際しては、我が国における通勤時間の実態等を十分に考慮し、真に生活と仕事との両立が可能な実効性ある休息時間が確保されるよう、労使の取組を支援すること。

14　年次有給休暇の取得促進に関する使用者の付与義務に関して、使用者は、時季指定を行うに当たっては、年休権を有する労働者から時季に関する意見を聴くこと、その際には時季に関する労働者の意思を尊重し、不当に権利を制限しないことを省令に規定すること。また、労働基準監督署は、違反に対して適切に監督指導を行うこと。

15　時間外労働時間の上限規制の実効性を確保し、本法が目指す長時間労働の削減や過労死ゼロを実現するためには、36協定の協議・締結・運用における適正な労使関係の確保が必要不可欠であることから、とりわけ過半数労働組合が存在しない事業場における過半数代表者の選出をめぐる現状の課題を踏まえ、「使用者の意向による選出」は手続違反に当たること、及び、使用者は過半数代表者がその業務を円滑に推進できるよう必要な配慮を行わなければならない旨を省令に具体的に規定し、監督指導を徹底すること。また、使用者は、労働者が過半数代表者であること若しくは過半数代表者になろうとしたこと又は過半数代表者として正当な行為をしたことを理由として不利益な取扱いをしてはならない旨の省令に基づき、その違反に対しては厳しく対処すること。

16　裁量労働制の適用及び運用の適正化を図る上で、専門業務型においては過半数労働組合又は過半数代表者、企画業務型においては労使委員会の適正な運用が必要不可欠であることから、前項の過半数代表の選出等の適正化に加え、労使委員会の委員を指名する過半数代表の選出についても同様の対策を検討し、具体策を講ずること。

17　特に、中小企業・小規模事業者においては、法令に関する知識や労務管理体制が必ずしも十分でない事業者が数多く存在すると考えられることを踏まえ、行政機関の対応に当たっては、その労働時間の動向、人材の確保の状況、取引の実態その他の事情を踏まえて必要な配慮を行うものとすること。

18　裁量労働制については、今回発覚した平成25年度労働時間等総合実態調査の公的統計としての有意性・信頼性に関わる問題を真摯に反省し、改めて、現行の専門業務型及び企画業務型それぞれの裁量労働制の適用・運用実態を正確に把握し得る調査手法の設計を労使関係者の意見を聴きながら検討し、包括的な再調査を実施すること。その上で、現行の裁量労働制の制度の適正化を図るための制度改革案について検討を実施し、労働政策審議会における議論を行った上で早期に適正化策の実行を図ること。

19　長時間労働の歯止めがないとの指摘を踏まえ、高度プロフェッショナル制度を導入するに当たっては、それが真に働く者の働きがいや自由で創造的な働き方につながる制度として運用され、かつそのような制度を自ら希望する労働者にのみ適用されなければならないことに留意し、この制度創設の趣旨にもとるような制度の誤用や濫用によって適用労働者の健康被害が引き起こされるような事態を決して許してはいけないことから、制度の趣旨に則った適正な運用について周知徹底するとともに、使用者による決議違反等に対しては厳正に対処すること。

20　高度プロフェッショナル制度の適用労働者は、高度な専門職であり、使用者に対して強い交渉力を持つ者でなければならないという制度の趣旨に鑑み、政府は省令でその対象業務を定めるに当たっては対象業務を具体的かつ明確に限定列挙するとともに、法の趣旨を踏まえて、慎重かつ丁寧な議論を経て結論を得ること。労使委員会において対象業務を決議するに当たっても、要件に合致した業務が決議されるよう周知・指導を徹底するとともに、決議を受け付ける際にはその対象とされた業務が適用対象業務に該当するものであることを確認すること。

21　前項において届出が受け付けられた対象業務について、制度創設の趣旨に鑑み、使用者は始業・終業時間や深夜・休日労働など労働時間に関わる働き方についての業務命令や指示などを行ってはならないこと、及び実際の自由な働き方の裁量を奪うような成果や業務量の要求や納期・期限の設定などを行ってはならないことなどについて、省令で明確に規定し、監督指導を徹底すること。

22　高度プロフェッショナル制度の対象労働者の年収要件については、それが真に使用者に対して強い交渉力のある高度な専門職労働者にふさわしい処遇が保障される水準となるよう、労働政策審議会において真摯かつ丁寧な議論を行うこと。

資料編

23　高度プロフェッショナル制度を導入する全ての事業場に対して、労働基準監督署は立入調査を行い、法の趣旨に基づき、適用可否をきめ細かく確認し、必要な監督指導を行うこと。

24　今般の改正により新設される労働時間の状況の把握の義務化や、高度プロフェッショナル制度における健康管理時間の把握について、事業主による履行を徹底し、医師による面接指導の的確な実施等を通じ、労働者の健康が確保されるよう取り組むこと。

25　高度プロフェッショナル制度の対象となる労働者の健康確保を図るため、「健康管理時間」は客観的な方法による把握を原則とし、その適正な管理、記録、保存の在り方や、労働者等の求めに応じて開示する手続など、指針等で明確に示すとともに、労働基準監督署は、法定の健康確保措置の確実な実施に向けた監督指導を適切に行うこと。

26　高度プロフェッショナル制度適用労働者やその遺族などからの労災申請があった場合には、労働基準監督署は、当該労働者の労働時間の把握について徹底した調査を行う等、迅速かつ公正な対応を行うこと。

27　高度プロフェッショナル制度に関し、それが真に制度の適用を望む労働者にのみ適用されることを担保するためには、本人同意の手続の適正な運用が重要であることから、提供されるべき情報や書面での確認方法を含め、本人同意に係る手続の要件等について指針等において明確に規定するとともに、本人同意が適正に確保されることについて決議の届出の際に労働基準監督署において確認すること。また、使用者に対して、同意を得る際には不同意に対していかなる不利益取扱いもしてはならないこと、労働者が同意を撤回する場合の手続についても明確に決議した上で、同意の撤回を求めた労働者を速やかに制度から外すとともに、いかなる不利益取扱いもしてはならないことについて、周知徹底し、監督指導を徹底すること。

28　高度プロフェッショナル制度においても、使用者の労働者に対する安全配慮義務は課されることを踏まえ、労働基準監督署は、高度プロフェッショナル制度適用労働者の健康管理時間の把握・記録に関して、当該使用者に対して、適切な監督指導を行うこと。

29　高度プロフェッショナル制度を導入するに当たっての労使委員会における決議については、その制度創設の趣旨に鑑み、有効期間を定め、自動更新は認めないことを省令等において規定すること。加えて、本人同意については、対象労働者としての要件充足を適正に確認するためにも、短期の有期契約労働者においては労働契約の更新ごと、無期又は1年以上の労働契約においては1年ごとに合意内容の確認・更新が行われるべきであることを指針に規定し、監督指導を徹底すること。

|30| 高度プロフェッショナル制度の具体的な実施の在り方については、多くの事項が省令に委任されていることから、委員会審査を通じて確認された立法趣旨や、本附帯決議の要請内容を十分に踏まえ、労働政策審議会における議論を速やかに開始し、省令等に委任されている一つ一つの事項について十分かつ丁寧な審議を行い、明確な規定を設定するとともに、対象事業主や労働者に対して十分な周知・啓発を行い、併せて監督指導する労働基準監督官等に対しても十分な教育・訓練を行うこと。

|31| 高度プロフェッショナル制度に関して、政府は、3年を目途に、適用対象者の健康管理時間の実態、労働者の意見、導入後の課題等について取りまとめを行い、本委員会に報告すること。

|32| パートタイム労働法、労働契約法、労働者派遣法の3法改正による同一労働同一賃金は、非正規雇用労働者の待遇改善によって実現すべきであり、各社の労使による合意なき通常の労働者の待遇引下げは、基本的に3法改正の趣旨に反するとともに、労働条件の不利益変更法理にも抵触する可能性がある旨を指針等において明らかにし、その内容を労使に対して丁寧に周知・説明を行うことについて、労働政策審議会において検討を行うこと。

|33| 低処遇の通常の労働者に関する雇用管理区分を新設したり職務分離等を行ったりした場合でも、非正規雇用労働者と通常の労働者との不合理な待遇の禁止規定や差別的取扱いの禁止規定を回避することはできないものである旨を、指針等において明らかにすることについて、労働政策審議会において検討を行うこと。

|34| 派遣労働者の待遇決定に関して以下の措置を講ずること。
 1 派遣労働者の待遇決定は、派遣先に直接雇用される通常の労働者との均等・均衡が原則であって、労使協定による待遇改善方式は例外である旨を、派遣元事業主・派遣先の双方に対して丁寧に周知・説明を行うこと。
 2 労使協定の記載事項の一つである「派遣労働者が従事する業務と同種の業務に従事する一般の労働者の平均的な賃金の額」に関して、同等以上の賃金の額の基礎となる「一般の労働者の平均的な賃金の額」は、政府が公式統計等によって定めることを原則とし、やむを得ずその他の統計を活用する場合であっても、「一般の労働者の平均的な賃金の額」を示すものとして適切な統計とすることについて、労働政策審議会において検討を行うこと。
 3 労使協定における賃金の定めについては、対象派遣労働者に適用する就業規則等に記載すべきものである旨を周知徹底すること。
 4 労使協定で定めた内容を行政が適正に把握するため、派遣元事業主が、労働者派遣法第23条第1項に基づく事業報告において、改正労働者派遣法第30条の4に定めている5つの労使協定記載事項を、それぞれ詳しく報告することとし、その内容を周知・徹底することについて、労働政策審議会において検討を行うこと。

35 使用者が、非正規雇用労働者に通常の労働者との待遇差を説明するに当たっては、非正規雇用労働者が理解できるような説明となるよう、資料の活用を基本にその説明方法の在り方について、労働政策審議会において検討を行うこと。

36 「働き方改革」の目的、及び一億総活躍社会の実現に向けては、本法が定める均等・均衡待遇の実現による不合理な待遇差の解消とともに、不本意非正規雇用労働者の正社員化や無期転換の促進による雇用の安定及び待遇の改善が必要であることから、引き続き、厚生労働省が策定する「正社員転換・待遇改善実現プラン」等の実効性ある推進に注力すること。

37 労働契約法第18条の無期転換権を行使した労働者について、労働契約法による無期転換の状況等を踏まえ、必要な検討を加えること。

38 本委員会における審査を踏まえ、職場におけるパワーハラスメント等によって多くの労働者の健康被害が生じており、その規制・防止を行うことが喫緊の課題であるとの共通の認識に基づき、国際労働機関（ＩＬＯ）において「労働の世界における暴力とハラスメント」の禁止に向けた新たな国際労働基準の策定が行われることや、既に国連人権機関等からセクシュアルハラスメント等の禁止の法制度化を要請されていることも念頭に、実効性ある規制を担保するための法整備やパワーハラスメント等の防止に関するガイドラインの策定に向けた検討を、労働政策審議会において早急に開始すること。また、厚生労働省の「職場のパワーハラスメント防止対策についての検討会」報告書を踏まえ、顧客や取引先からの著しい迷惑行為について、関係者の協力の下で更なる実態把握を行うとともに、その対応策について具体的に検討すること。

39 多様な就業形態で就労する労働者（副業・兼業・雇用類似の者を含む）を保護する観点から、長時間労働の抑制や社会・労働保険の適用・給付、労災認定など、必要な保護措置について専門的な検討を加え、所要の措置を講ずること。特に、副業・兼業の際の、働き方の変化等を踏まえた実効性のある労働時間管理の在り方等について、労働者の健康確保等にも配慮しつつ、検討を進めること。

40 本法が目指す過労死ゼロ、長時間労働の削減、家庭生活と仕事との両立、及び女性の活躍などの働き方改革を実現するためには、法令の遵守を確保するための監督指導の徹底が必要不可欠であることから、労働基準監督官の増員を政府の優先事項として確保し、労働行政事務のシステム化を始め、労働基準監督署の体制強化を早急に図ること。また、短時間・有期雇用労働法及び労働者派遣法の適正な運用には、待遇改善推進指導官、雇用環境改善・均等推進指導官や需給調整指導官等の機能強化も重要であり、そのための体制の充実・強化や関係部署の有機的な連携・協力体制の増強を確保すること。

41　多様な就業形態が増加する中で、経営者あるいは労働者自らが労働法制や各種ルールについて知ることは大変重要であることを踏まえ、ワークルール教育の推進を図ること。

42　中小企業や小規模事業者において、時間外労働の上限規制が遵守できる環境を整えるために関係省庁が連携し、政府全体で中小企業の人材確保や取引条件等の改善に向けて適切な措置を講ずること。特に、中小企業庁とも協力して、働き方改革の推進を中小企業施策の一つの柱に位置付け、長時間労働につながる取引慣行の見直しを含めた業界改革につなげるよう取り組むこと。

43　事務所その他の作業場における労働者の休養、清潔保持等のため事業者が講ずるべき必要な措置について、働き方改革の実現には、職場環境の改善を図ることも重要であるとの観点を踏まえ、労働者のニーズを把握しつつ、関係省令等の必要な見直しを検討すること。

44　働き方改革実行計画の中で取組テーマとして掲載されている、就職氷河期世代への対応、子育て・介護と仕事の両立、外国人人材の受入れについても重要な課題であることから、現状把握や今後の対応等については各関係省庁と連携して取り組み、必要な措置を講ずること。

45　全ての労働者の健康確保が適切に行われるよう、産業医等産業保健活動の専門職の育成や衛生委員会の活性化等を通じて、産業医・産業保健機能の強化を確実に推進すること。とりわけ、50人未満の小規模な事業場については、医師や保健師等産業保健活動の専門職の選任の促進、産業保健総合支援センターによる支援や研修等を通じた産業保健活動の担い手の確保を始め、産業保健機能の強化を図るための検討を行い、必要な措置を講ずるとともに、働き方改革推進支援センター等とも連携してきめ細かな支援を行うこと。併せて、当該事業場におけるストレスチェックの実施が効果的に促されるよう必要な支援を行うこと。

46　新技術・新商品等の研究開発業務に関し、現行制度で対象となっている範囲を超えた職種に拡大することのないよう、指導を徹底すること。また、新技術・新商品等の研究開発業務に従事する従業員に対しては、十分に手厚い健康確保措置を採るよう努めるものとすること。

47　働き方改革の実行の過渡期においては、いわゆる生活残業を行う従業員が生活困窮に陥ること、高度プロフェッショナル制度の運用の仕方が必ずしも適切ではないこと等の問題が生じる可能性があることから、本法施行後、労働時間等の実態についての調査を定期的に行い、現状を把握しつつ、働き方改革実行計画の必要な見直しを不断に行うこと。

著者略歴

浅香　博胡（あさか　ひろき）
社会保険労務士　ＡＦＰ（日本ＦＰ協会認定）、㈱新規開拓顧問

日本紙通商㈱取締役、全国社会保険労務士厚生年金基金代表清算人、東京都社会保険労務士会副会長などを歴任し、現在は東京都社会保険労務士会理事。主な著書等に東京都社会保険労務士会編『人材を求め育て活かす』『魅力ある会社作り』（いずれも共著）、『月刊中小企業』労務管理講座（ダイヤモンド社）など。

白石　多賀子（しらいし　たかこ）
特定社会保険労務士　社会保険労務士法人雇用システム研究所　代表社員

顧客先の労務管理、人事制度設計等のコンサルティングを行う一方で、社員・パートの雇用管理に関する問題などの講演、執筆活動を行っている。労務管理の専門家として行政機関の委員を歴任。主な著書に『パート・高齢者・非正社員の処遇のしくみ』（共著・中央経済社）、『材木商業における高齢者のキャリア活用』（東京都産業労働局）など。

山田　晴男（やまだ　はるお）
特定社会保険労務士　社会保険労務士山田事務所　代表

大手企業など２社で人事労務関係業務に従事する傍ら、東京都社会保険労務士会副会長などを歴任し、現在は東京都社会保険労務士会常任理事、東京都社会保険労務士会武蔵野統括支部統括支部長。労務顧問としての企業のコンサルティングを行い、また、がん患者就労支援、リワークプログラムなどの両立支援の活動と講演を行っている。

「働き方改革」の法改正で働き方がこう変わる！
変えなきゃいけない働き方のルールがよくわかる

著　浅香 博胡　白石 多賀子　山田 晴男

平成30年 8 月29日　初 版 発 行　　　　　　　　（定価は表紙に表示）

発行者　鈴　木　俊　一

発行所　社 会 保 険 研 究 所
〒101-8522　東京都千代田区内神田2-4-6
　　　　　　WTC内神田ビル
（平成30年10月 1 日以降）
〒101-8522　東京都千代田区内神田2-15-9
　　　　　　The Kanda 282
電話　03（3252）7901（代）
URL：http://www.shaho.co.jp/shaho/

印刷・製本／キタジマ　　　　落丁・乱丁本はおとりかえいたします。
ISBN978-4-7894-4885-7

本書のコピー、スキャン、デジタル化等の無断複製は著作権法上での例外を除き禁じられています。本書を代行業者等の第三者に依頼してコピー、スキャンやデジタル化することは、たとえ個人や家庭内の利用でも著作権法上認められておりません。